Wehmutter, Keännfraa und Storchentante

Eine kleine Geschichte der Hebammen in Alsfeld

und dem nordwestlichen Vogelsberg

Monika Hölscher

Bibliografische Information der Deutschen Nationalbibliothek:
Die Deutsche Nationalbibliothek verzeichnet diese Publikation
in der Deutschen Nationalbibliografie; detaillierte bibliografische
Daten sind im Internet über dnb.dnb.de abrufbar.

© 2019 Monika Hölscher

Herstellung und Verlag: BoD – Books on Demand, Norderstedt

ISBN 978-3-7481-6033-5

Inhaltsverzeichnis

Vorwort

Am 24. Dezember 2016 hielt ich beim Christkindwiegen, einer jahrhundertealten Tradition auf dem Turm der Walpurgiskirche in Alsfeld, einen Vortrag zum Thema „Hebammen in Alsfeld und dem Vogelsberg". An Heiligabend wird die Geburt Christi gefeiert. Was lag also näher, als sich einmal beim Christkindwiegen mit den Menschen zu beschäftigen, die bis heute, wenn auch in wesentlich geringerem Umfang, so vielen Menschen halfen, das Licht der Welt zu erblicken: den Landhebammen[1].

Dem Vortrag folgte eine erste Veröffentlichung in der Heimat-Chronik, einer Beilage der Oberhessischen Zeitung, 33. Jahrgang 2017, Heft 1 und 2.

Das Thema stieß auf ein unerwartet großes Interesse, so dass ich in den folgenden Monaten zahlreiche Vorträge, zum größten Teil gemeinsam mit der ehemaligen Alsfelder Hebamme Irma Lißberger, hielt. Dies hatte zur Folge, dass immer mehr Material in Form von Dokumenten, Fotos, Anmerkungen und Anekdoten durch Zuhörerinnen zusammengekommen war, die eine umfangreichere Veröffentlichung sinnvoll erscheinen ließen.

Dieses nun vorliegende kleine Buch über Hebammen in Alsfeld und dem nordwestlichen Vogelsberg, mit dem Schwerpunkt auf dem 20. Jahrhundert, verdankt sein Zustandekommen also zahlreichen Menschen. Hier sei in besonderem Maße auch Gisela Zeidler aus Liederbach genannt, die mir bei einem Besuch Anfang des Jahres 2016 ein Foto der Liederbacher Hebamme Marie Pabst zeigte – und damit mein Interesse an diesen Frauen weckte. Im Laufe der Zeit konnten durch zahlreiche weitere Interessierte viele kleinere und größere Lücken in der Überlieferung geschlossen werden. Mein besonderer Dank gilt neben diesen auch der bereits erwähnten ehemaligen Alsfelder Hebamme Irma Lißberger, die mir mit Rat und Tat immer zur Seite stand, sowie dem Vorsitzenden des Heimat- und Kulturvereins der Stadt Romrod, Horst Blaschko, der mir auch den Kontakt zur Tochter der Strebendorfer Hebamme Berta Hamel, Irma Klose, vermittelte. Irma Klose stellte mir einen ganz besonderen Schatz zur Verfügung: die Tagebücher und Rechnungsbücher ihrer Mutter, die von 1940 bis 1978 als Hebamme in Romrod und seinen Stadtteilen tätig war. Diese Bücher sind außerordentliche zeitgeschichtliche Dokumente, die in dieser Veröffentlichung einen entsprechenden Platz bekommen. Auch sei Dr. Norbert Hansen und Hans-Jürgen Stinder vom Stadtarchiv Alsfeld für ihre Hilfe und Unterstützung bei der Auswertung des umfangreichen Materials sowie Dr. Ingrid Schill und Horst Blaschko für das Korrekturlesen herzlich gedankt, und vielen anderen, die im Buch genannt werden.

Letztendlich ist dieses Buch ein Werk vieler Menschen, die dazu beigetragen haben. Es ist *ihr* Buch und wird hoffentlich auch jüngeren Vogelsbergerinnen und Vogelsbergern eine längst vergangene und fast vergessene Geschichte ihrer Heimat näher bringen. Hebammen haben unser aller Respekt verdient – gestern und heute.

Diesen besonderen Frauen ist dieses Buch gewidmet.

Monika Hölscher

---

[1] Das Wort Hebamme (9. Jh.) kommt aus dem mittelhochdeutschen hebeamme. Das „heben" bezieht sich wahrscheinlich auf das Heben des Kindes unmittelbar nach der Geburt. Die neuere Bezeichnung Hebamme beruht auf der Vermischung mit Amme in der Bedeutung von Mutter (Kluge Etymologisches Wörterbuch; Berlin, 2002).

Einleitung

Hebamme ist einer der ältesten Frauenberufe, die es schon in der Antike, und mit großer Wahrscheinlichkeit in der schriftlosen Zeit davor auch gab. Es waren weise Frauen, Kräuterfrauen, Heilkundige, Heilerinnen. Im Babylonien des 2. bis 1. Jt. v.Chr. gab es beispielsweise schon Ärztinnen und Hebammen, die in Keilschrifttexten erwähnt werden. Eine schwangere Frau wird auf Tontafeln dort u.a. als „volles Boot" beschrieben, das mit seiner „Ladung" zum „Hafen des Lebens" steuert, oder wird während der Geburt mit einem Krieger in der Schlacht verglichen.[2]

Im Alten Ägypten galt die Frau, sobald die Zeit ihrer „Reinigung" (Periode) gekommen war und die Monatsblutung ausblieb, als „unrein" und sie wurde (in Oberschichten) in eine „Wochenlaube" umgesiedelt, einem kleinen Gebäude im Freien, auf dem Dach, im Innenhof, im Garten. Ob die Schwangere die ganze Zeit ihrer Schwangerschaft in der Wochenlaube verbrachte, ist nicht bekannt. Sie gebar dort jedenfalls ihr Kind mit Hilfe von Frauen aus der Familie oder Nachbarschaft, die sich auf Geburtshilfe verstanden.[3] Beim gemeinen Volk dürfte die Geburt ebenfalls mit Hilfe erfahrener Frauen, aber wohl im Wohngebäude stattgefunden haben. Hieroglyphen zeigen schwangere, gebärende und stillende Frauen, vielleicht auch eine, die einen Gebärstuhl bezeichnet bzw. darstellt (msḫnet).[4] Beschützt wurden die Schwangeren und Wöchnerinnen von zahlreichen Dämonen und Schutzgeistern, wie Thoëris und Bes, die durch ihre abschreckende Gestalt alles Böse von Frau und Kind fernhalten sollten.

Abb. 1: Bes im Tempel von Dendera (Ptolemäerzeit, Bauzeit 323-30 v.Chr.). Der volkstümliche Schutzgeist wird meist als missgestalteter Zwerg mit fratzenhaftem Gesicht und einem Löwenfell dargestellt. Er beschützt vor allem die Familie, Frauen bei der Geburt und das Neugeborene.

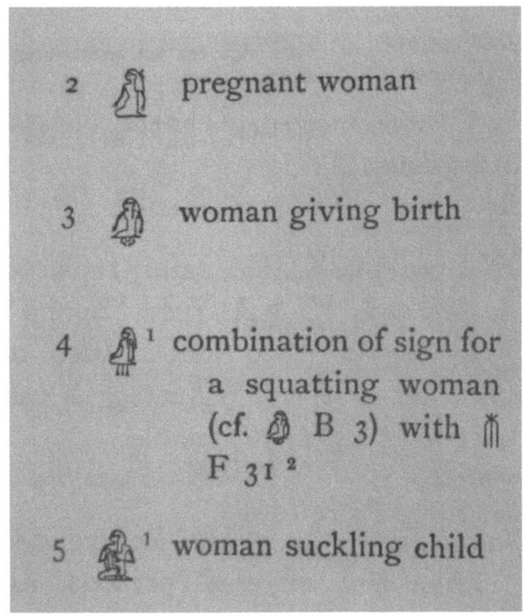

Abb. 2: Altägyptische Hieroglyphen, die schwangere, gebärende und stillende Frauen darstellen

---

[2] Ulrike Steinberger: Von inneren Räumen und „blühenden" Landschaften. Der weibliche Körper in der babylonischen Medizin; Antike Welt 2/2015, S. 19ff.

[3] Bettina Schmitz: Tochter – Ehefrau – Mutter. Frauenalltag im Alten Ägypten, in: Waren sie nur schön? Frauen im Spiegel der Jahrtausende; Hg. B. Schmitz und U. Steffgen, Mainz 1989, S. 105ff.

[4] Raymond O. Faulkner: A concise dictionary of Middle Egyptian; Oxfold 1981, S. 117

Auch aus römischer Zeit sind Frauen bekannt, die als Chirurginnen und Hebammen tätig waren.[5]

Abb. 3: Geburtsszene am Grabbau einer römischen Hebamme.

In der „Alsfelder Weihnacht 1517" hören wir nichts von einer Hebamme, die Maria bei der Geburt beistand, im Protoevangelium des Jakobus allerdings, besser bekannt als Apokryphen, sucht Joseph nach einer hebräischen Hebamme, die bei der Geburt Jesu helfen soll[6] und im 3. Buch Mose, Kap. 12, 1-8 kann man im „Gesetz für die Wöchnerinnen" nachlesen, wann eine Frau nach der Geburt eines Knaben oder Mädchens wieder „rein" wird.

Um Neugeborene vor bösen Dämonen zu schützen, bedienten sich die Menschen in früheren Zeiten auch oft Beschwörungen, Amuletten, mit Abwehrzauber beschriebenen Zetteln oder magischen Objekten. Im Museum Judengasse in Frankfurt, das Anfang 2016 nach einer grundlegenden Neukonzipierung wieder eröffnet worden ist, sind auch die Grundmauern eines Hauses zu besichtigen, in dem offensichtlich eine Hebamme gewohnt hatte. So wurde u.a. ein Messer für magische Zwecke bei der Geburt gefunden.[7] Den Ritus des „Bekrasens", bei dem ein solches Messer vielleicht benutzt wurde, hat der aus Alsfeld stammende Jude Hermann Rothschild in einem Schreiben vom 6. Mai 1927 an den Geschichts- und Altertumsverein der Stadt Alsfeld ausführlich beschrieben[8]:

Abb. 4: Lilith, die Dämonin der Nacht.

„[...] Der Inhalt ist eine Beschwörung gegen einen bösen Geist, der Gewalt über Wöchnerinnen und Neugeborene hat und sie tötet. Dieser Aberglaube, der seit hunderten von Jahren im Volke besteht, gründet sich auf die jüdische, alte Sage von Lilith, einer Dämonin, welche wie Adam aus Erde geschaffen worden war. Sie war Adams erstes Weib. Weil kein Frieden zwischen beiden war, entfloh sie in die Lüfte. Der Herr schickte drei Engel als Boten zu Lilith, damit sie zu Adam zurückkehre. Würde sie nicht umkehren, so sollten täglich hundert von ihren Kindern sterben. Die Engel fanden Lilith im Meere(!)

---

[5] s. u.a. E. Künzl, H. Engelmann: Römische Ärztinnen und Chirurginnen; in: Antike Welt 5/1997, S. 375ff.

[6] Erich Weidlinger: Die Apokryphen. Verborgene Bücher der Bibel; Augsburg 1995, S. 442

[7] Die Frankfurter Judengasse – Geschichte, Politik, Kultur. Katalog zur Dauerausstellung des Jüdischen Museums Frankfurt, hrsg. von F. Backhaus, R. Gross, S. Kößling, M. Wenzel; München 2016. Auf S. 171 wird dort jedoch ein anderer Brauch mit dem Messer beschrieben.

[8] s. Monika Hölscher: Lilith – von der Kinder mordenden Dämonin zur Femme fatale; Heimat-Chronik 1/2008

stehend und richteten ihre Botschaft aus. Lilith wollte nicht umkehren. Die Engel wollten sie daraufhin im Meere ertränken. Lilith sprach: Lasset ab von mir, wisset ihr nicht, daß es meine Bestimmung ist, Jünglinge zu verderben; ist's ein Knabe, so habe ich bis zu seinem 8ten Tage über ihn gewacht, ist's ein Mädchen, so habe ich sie bis zum 20ten Tage. Sie schwor ihnen jedoch im Namen des lebendigen Gottes, daß sie allezeit, wenn sie die Gestalten der Engel über ihren Namen erblicken werde, von dem Kinde lassen würde. Die drei Engel hießen: Sanvai, Sansanvi und Semangelof. Diese drei Namen schreibt man auf die Amulette der Neugeborenen und hängt sie an das Bett der Wöchnerin, damit sie Lilith sehe und Kind und Wöchnerin verschone. [...] Bei den alten Deutschen war die Holle dem Neugeborenen gefährlich. Sie will ihn in ihr unterirdisches Schattenreich entführen. Diese Sage hat sich in jüdischen Kreisen, in einer jüdischen Kultushandlung, der sogenannten Holle-Kreisch erhalten. Kinder bilden einen Kreis um das Neugeborene, und indem sie den Namen des Neugeborenen laut rufen (kreischen), vertreiben sie die gefährliche Holle. In dem Worte kreisen (gleich gebären) hat die deutsche Sprache den kultisch-mythologischen Hergang erhalten. Das eindringende Christentum verbot hinzu Bekennern den Gebrauch, der sich in jüdischen Kreisen bis heute erhalten hat. Zum Hollemythos gehört auch das Bekrasen, das bei den fränkischen Juden noch bis in die Neuzeit hinein auf dem Land geübt wurde. Nachbarinnen umstellen das Bett der Gebärenden. Mit einem Messer werden Kreise in der Luft geschrieben & dabei ausgerufen: ‚Wir wollen dies bekrasen (bekreisen). Unser Herrgott soll's wasen (wissen). So sind Ziegel auf dem Dach, soviel Engel sind wach'".

Nicht nur in der kirchlichen Kunst werden Mutter und Kind, wie Maria mit ihrem Neugeborenen und ihre Mutter Anna mit ihrer Tochter Maria, recht oft dargestellt, auch aus vielen vorchristlichen Kulturen sind sie überliefert. Die bekannteste dürfte die altägyptische Göttin Isis mit ihrem Sohn Osiris sein. Wohl in jeder Epoche standen den Frauen bei der Geburt erfahrene ältere Frauen zur Seite. Die Erfahrung dieser Frauen entschied nicht selten über Leben und Tod der Mutter und des Kindes.

Abb. 5: Eucharius Rößlin, Rosgarten: "... wie sich ein jede Frawin vor und nach der geburt halte soll und wie man ir in harter geburt zu hilft kommen soll."; Holzschnitt von 1513

Schwangerschaft und Geburt waren reine Frauensache. Und weil die Männer nicht wussten, was bei der Geburt so alles passierte, begegneten sie den Hebammen, vor allem im Mittelalter, nicht selten mit Misstrauen. Dass Hebammen aber besonders unter der neuzeitlichen Hexenverfolgung gelitten hätten, ist nach neueren Untersuchungen nicht belegbar. Nur ein geringer Prozentsatz der hingerichteten Frauen war in der Geburtshilfe tätig. Sie wurden in manchen Fällen sogar zu Rate gezogen, wenn es um Schwangerschaften bei Hexenprozessen ging. Ganz ungefährlich war die Tätigkeit der Hebamme dennoch nicht: Starb das Kind, was bei den unhygienischen Zuständen früher nicht ungewöhnlich war, oder war es missgebildet, konnte es durchaus passieren, dass man der Geburtshelferin vorwarf, das Neugeborene getötet (Das Körperfett eines Neugeborenen wurde zur Herstellung der Flugsalbe der Hexen benötigt...) oder vertauscht zu haben („Wechselbalg"). Auch im Hexenhammer kann man lesen, dass „hexende Hebammen die Neugeborenen dem Teufel opfern".

Auf der anderen Seite jedoch waren die Dienste der Hebammen sehr gefragt. Nicht nur bei den schwangeren Frauen. Hebammen galten als Heilerinnen und durften sogar bei entsprechender Ausbildung / Befähigung chirurgische Eingriffe vornehmen, z.B. einen Kaiserschnitt. Bekannt ist die Ärztin Tortula aus Salerno (um 1100), die Werke über Frauenheilkunde verfasste und die als „Kaiserin der Hebammen" dargestellt wird.[9]

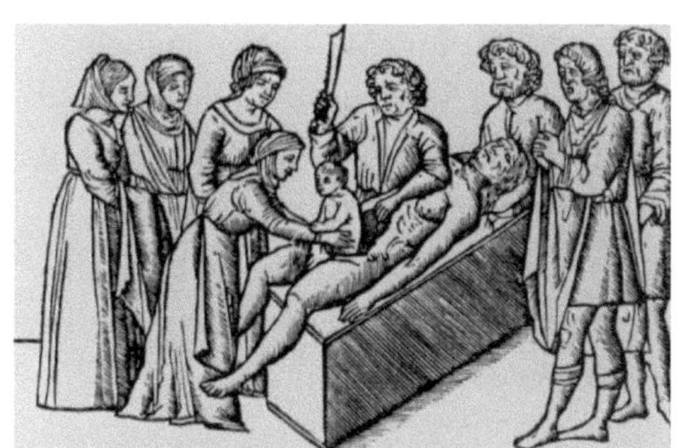
Abb. 6: Kaiserschnitt im Mittelalter, den die Mutter wahrscheinlich nicht überlebte.

Der erste Kaiserschnitt der Geschichte, den Mutter und Kind überlebten, wurde im Jahr 1500 vom Schweinekastrator Jacob Nufer in der Schweiz an seiner eigenen Frau durchgeführt.[10]

Gegen Ende des Mittelalters trat die Frau als Ärztin, d.h. eigentlich Chirurgin, Wundärztin, immer mehr hinter dem Mann zurück. Um 1600 verschwand sie fast vollständig aus dem Berufsleben allgemein. Erst im letzten Drittel des 19. Jahrhunderts öffneten sich die Universitäten in den USA und den meisten Ländern Europas für ein Frauenstudium. 1901 promovierte in Freiburg die erste deutsche Frau zum Dr. med.

Es gab jedoch auch eine dunkle Seite des Hebammenberufes: Engelmacherin[11]. Als Engelmacher wurden Ärzte, Hebammen, Heiler oder auch medizinisch nicht vorgebildete Menschen bezeichnet, die mittels Werkzeugen wie Stricknadeln oder Chemikalien, (giftigen) Pflanzen oder Seifenlauge illegal Schwangerschaftsabbrüche durchführten, was nicht selten auch zum Tod der Schwangeren führte. Als Engelmacherin wurde ab dem 19. Jahrhundert darüber hinaus auch eine Frau bezeichnet, die uneheliche Pflegekinder sterben ließ oder ermordete, um sich am Pflegegeld zu bereichern. Ein bekannter Fall ist hier die Hebamme Elisabeth Wiese (1853-1905) aus Hamburg, die mindestens fünf Kinder tötete, darunter auch ihr eigenes Enkelkind. 1905 wurde sie dafür durch Guillotine hingerichtet.

Doch solche Hebammen waren die Ausnahmen.

Soweit ein sehr kurzer allgemeiner Überblick.

---

[9] Natascha Noll: Medizin und der Dienst am Kranken im Mittelalter, in: Elisabeth in Marburg. Der Dienst am Kranken; Katalog zur Ausstellung; Marburg 2007
[10] Felix Rettberg: Die Stunde des Kastrators; in: Spiegel. Edition Geschichte 1/2016, S. 106f.
[11] Wikipedia „Engelmacher"; abgerufen am 25.12.2018

Der Beginn der Hebammenausbildung in der Provinz Oberhessen im 19. Jahrhundert

Hebammen wurden bis Anfang des 19. Jh. von ihren Vorgängerinnen angelernt, erst danach finden sich erste öffentliche Institutionen, die mit der Hebammenausbildung beauftragt wurden.[12] Für die Provinz Oberhessen war dies die Gebär-Anstalt in Gießen, für Kurhessen waren Mainz und Marburg zuständig. Direktor der ungsanstalt, dem Vorläufer der Universitäts-Frauenklinik Gießen, war von 1814, dem Jahr der Eröffnung, bis 1837 der Professor der Chirurgie und Geburtshilfe Ferdinand August Maria Franz von Ritgen (1787-1867), der 1824 ein „Handbuch der Geburtshülfe" herausbrachte. Damit gehörte die Gießener Gebäranstalt mit anderen zu den ersten stationären Kliniken in Deutschland. In ihr konnten Gebärende entbinden, wurden kranke Frauen behandelt, sie war Lehranstalt für Studenten und Hebammen und diente der Wissenschaft. Bis 1828 sind dort rund 500 Hebammen ausgebildet worden.

Im „Alsfelder Wochen-Blatt für amtliche, Privat- und locale Interessen" vom 25. Dezember 1841 informiert der Großherzogliche Provinzialcommissairs der Provinz Oberhessen über den Hebammenunterricht in Gießen, der vom 1. März bis zum 31. Mai, und vom 1. September bis zum 30. November stattfindet, sowie über den anfallenden Kostenbetrag in Höhe von 46 Gulden, der von den angehenden Hebammen selbst zu entrichten war. Im Allgemeinen Intelligenzblatt für den Kreis Alsfeld vom 1. Januar 1864 werden die großherzoglichen Bürgermeistereien vom großherzoglichen Kreisamt Alsfeld aufgefordert, das Verzeichnis über die Hebammen einzusenden.

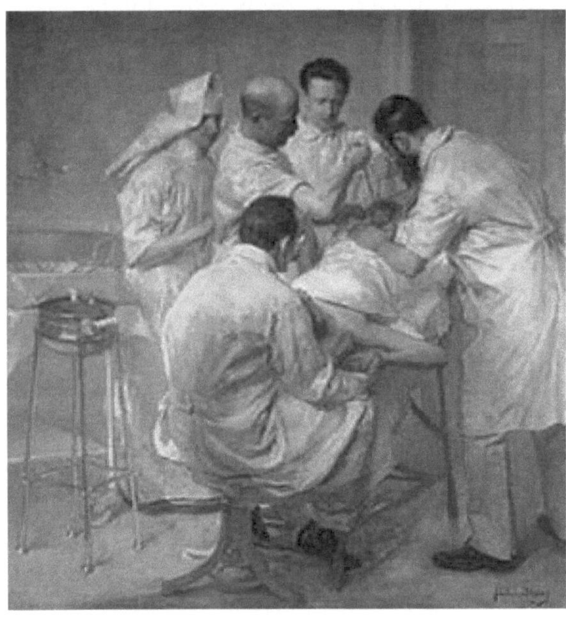

Abb. 7: Darstellung einer Geburt im Krankenhaus, Ende 19./Anfang 20. Jahrhundert.

---

[12] Es gab bereits 1751 in der Berliner Charité die erste deutsche Hebammenschule, die im 18. Jahrhundert als eine der berühmtesten in Europa galt (s. www.kulturwerte-mv.de: Aus dem Tagebuch einer Hebamme).

Hebammen in Alsfeld bis zum 19. Jahrhundert

„Joseph, mich haben gepackt die Wehn…"

„Joseph, lieber Gevatter mein, hilf mir wiegen das Kindelein,
daß Gott, der Magd Maria Sohn, im Himmelreiche dich belohn',
Joseph, nimm die Wiege in die Hand, laß mein Kind dir sein bekannt,
wieg' es säuberlich und fein, daß es ja nicht wein'."

„Doch, Joseph, eins will ich dir klagen, das mag ich mir vor Jammer nicht versagen,
daß mir Windel und Windelband leider sind unbekannt,
daß ich das zarte Kindelein einmal könnte wickeln ein.
Drum brauch' ich deine Hilfe zart, daß es bleibt vor Frost bewahrt."

„Auch heiß' es stillen der Mägde eine, das Kindelein, daß es nicht weine."[13]

Diese Zitate stammen aus der berühmten „Alsfelder Weihnacht 1517" und sind wahrscheinlich die ersten schriftlichen Überlieferungen zum Thema Schwangerschaft, Geburt und Säuglingspflege in Alsfeld. Entgegen der alten Mär, dass die Alsfelder Kinder vom Storch aus dem Grabborn, einem Kinderbrunnen, geholt und den Müttern ins Kindbett gebracht wurden[14], gab es aber tatsächlich Hebammen *auch* in Alsfeld.

Die ersten mehr oder weniger namentlich erwähnten Hebammen finden sich in Alsfelder Beamtenlisten.[15] Dies und die Formulierungen „angenommen" und „vereidigt" zeigen, dass diese Frauen von Anfang an in städtischen Diensten standen:
1579 – 1584 die Hinterbliebene[16] von David Fritsch
ab 1607 die Hinterbliebene von Peter Glitsch
1635 Eva, des Andreas Klingelspor aus Heimertshausen[17] Frau
1644 Catharina Bauer
1657 „Elschen, die Kühhirtin. Sie heißt: Elisabeth, Wendel Finks Hausfrau"[18]
1665 die Hausfrau Katharina Raab
1677 Judith, die Tochter der vorhergehenden Hebamme
1715 Anna Schwerd, Ehefrau des Bürgers und Bäckers Philipp Schwerd
1729 Gela Friedrich, eine 77 Jahre alte „Wehmutter", die 1729 um die Annahme einer zweiten Hebamme bittet – verständlich, wenn man bedenkt, dass das Durchschnittsalter für Frauen zu dieser Zeit noch keine 50 Jahre betrug.

Das Beispiel von „Elschen, der Kühhirtin" 1657 zeigt sehr eindrücklich, dass es für Hebammen bis Anfang des 19. Jh. keine geregelte Ausbildung gab, man aber wohl davon ausgehen kann, dass sie über die

---

[13] Zitate aus: Die Alsfelder Weihnacht 1517. Ein Marionettenbuch von Alwin Michael Rueffer, Übertragung des mitteldeutschen Textes von Rudolf Hagelstange; Königstein 1976, S. 13, 20, 29, 32
[14] Karl Brodhäcker: Die Raben vom Galgenberg. Alsfelder Sagen, Märchen und Geschichten; Alsfeld 2001, S. 12f.
[15] Karl Dotter: Aus den Beamtenlisten: Gesundheitswesen; Mitteilungen des Geschichts- und Altertumsvereins der Stadt Alsfeld, 8. Reihe, Nr. 1, März 1941
[16] Die Abkürzung „rel." hinter den Namen steht wahrscheinlich für das aus dem Lateinischen stammende Wort „Relikten" (nur pl.) für „Hinterbliebene".
[17] Eduard Becker: Bürgerlisten der Stadt Alsfeld; Darmstadt 1907. 1632 wird Andreas Klingelspor unter der Rubrik „frembde" aufgeführt, der sich „mit Weib und Kind anhero begeben."
[18] ebd.; 1632 wird ein Wendel Finck aus Herleshausen genannt.

Geburtshilfe hinaus auch über Kenntnisse bei spezifischen Frauenbeschwerden verfügten oder in der Kräuterheilkunde bewandert waren – nützlich sowohl für Mensch als auch Tier!

Letzteres gilt im Übrigen auch für den einen oder anderen männlichen Heilkundigen, der ebenfalls in der Beamtenliste aufgeführt wird, wie Henn Walrodt 1559, der auch kranke Schweine „geartztet" hat, oder Baltin Urban 1590, „daß er einem armen Knaben seine böse Hand kuriert", er war auch Turmmann, Heinz Ostermann heilt 1591 ein Pferd, und Meister Andreas löst 1610 ein Bein ab. Als Ärzte im weitesten Sinne waren auch die Apotheker und Stadtbader nicht nur in Alsfeld tätig. Der erste namentlich erwähnte Arzt in der Beamtenliste ist übrigens Dr. Johann Bartholomaeus Schleiermacher aus Wildungen, der 1655 vom Rat der Stadt bestellt worden ist.

In weiteren, nicht vollständigen, Dokumenten im Stadtarchiv Alsfeld finden sich ab 1800 folgende Namen von Hebammen:

1800 Anne Margaretha Döring, Witwe

1824 Philippine Lang und Clare Bücking; beide haben ihre Ausbildung ebenfalls in Gießen gemacht und sind zeitgleich tätig. Ab diesem Zeitpunkt sind meistens mindestens zwei, manchmal sogar drei Hebammen für Alsfeld zuständig; P. Lang stirbt 1826.

1829 Clare Bücking 1. Hebamme, Sibylle Barbara Hartmann, geb. Hill, 2. Hebamme

1830 – 1836 Elisabetha Margaretha Bommes 2. Hebamme, Clare Bücking 1. Hebamme

1837 die Frau von Koch 2. Hebamme, Clare Bücking 1. Hebamme

1841 – 1849 Gertraud Martin 3. Hebamme, die Frau von Koch 2. Hebamme, Clare Bücking 1. Hebamme

1849 – 1871 (?) Gertraud Martin 1. Hebamme, Clare Bücking geht in Ruhestand, die Frau von Koch wohl 2. Hebamme

1853 Elisabetha Formhals, geb. Allendorf, die Frau von Elias Formhals

1857 – 1870 Hebamme Mutter

1868 – 1896 (†) Katharina Gebhardt, geb. Hill

1889 – 1895 Louise Feiser (Dienstquittierung)

Hebamme Elisabetha Margaretha Bommes[19]

Am 8. Juni 1830 erhielt der Großherzogliche Landrat Neidhardt zu Alsfeld ein Schreiben der Großherzoglich Hessischen Regierung der Provinz Oberhessen, in dem er aufgefordert wurde, die Kosten für Unterricht, Verköstigung und Logis der Hebammenschülerin Bommes aus Alsfeld in Höhe von 40 Gulden und 20 Talern binnen acht Tagen zu begleichen, da das Entbindungsinstitut in Gießen, wo diese zu diesem Zeitpunkt zur Hebamme ausgebildet wurde, „dringende Ausgaben zu begleichen" habe. Diese Kosten wurden an die Stadt Alsfeld und an Georg Jakob Ramspeck, der zu diesem Zeitpunkt erst fünf Jahre(von insgesamt 45 Jahren) Bürgermeister der Stadt Alsfeld war, weitergegeben.

Nur eine Woche später, am 14. Juni 1830, erhielt der Bürgermeister einen Brief vom Direktor der Gießener Gebäranstalt:

„Nachdem die Ehefrau des Peter Bommes aus Alsfeld den Unterricht in der Hebammenkunst vom 31en März bis 15en Juni 1830 in dem hiesigen Gebärhause genossen hat, bey Geburten zugangen gewesen ist, dabei selber Beistand geleistet, die neu geborenen Kinder selber verpflegt, überhaupt sich in Besuch und Hebammenkunst an Schwangeren, Gebärenden, Wöchnerinnen und neu geborenen Kindern geübt hat, ist dieselbe am heutigen Tage über die nöthigsten Gegenstände, welche eine wohl unterrichtete Hebamme

---

wissen muß, geprüft worden. Daß dieselbe in dieser Prüfung ganz vorzüglich gut bestanden sey, wird hierdurch beglaubigt. Auch ist ihr der zweite Preiß zuerkannt worden.
Gießen, den 14. Juny 1830"

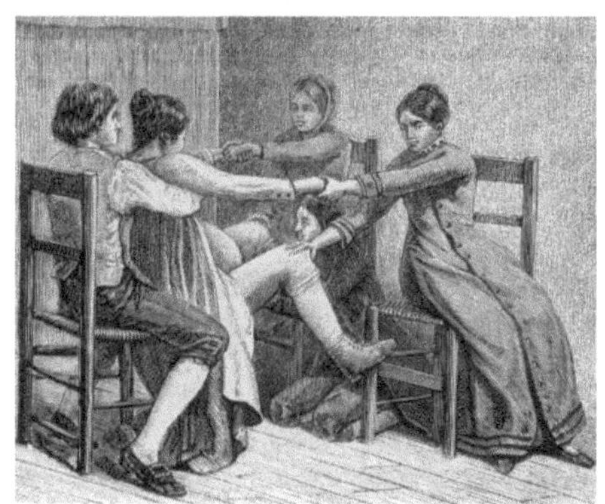

Abb. 8: Darstellung einer Hausgeburt, 19. Jahrhundert.

Der Direktor der Gebär-Anstalt daselbst Dr. Ritgen
Der Preiß besteht in einer Denkmünze des höchst verstorbenen Großherzogs in Bronze. [...]"

Weitere vier Tage später empfing Elisabetha Margaretha Bommes als 2. Hebamme nach Clare Bücking die notwendigen „Hebammen-Apparate": einen Gebärstuhl nebst ledernem Kissen, eine glatte, oben eingekerbte, gebogene Nabelschere, eine große Klistirspritze, eine kleine Klistirspritze mit aufschraubbarem Mutterrohr; das Lehrbuch der Hebammenkunst von Dr. Ritgen wurde ihr am 7. Juli 1830 vom Bürgermeister ausgehändigt.

Elisabetha Margaretha Bommes, geb. Koch, schien eine erfolgreiche Karriere als Hebamme in Alsfeld bevorzustehen: ein hervorragendes Zeugnis, eine hohe Auszeichnung und gleich nach Abschluss ihrer Ausbildung die Anstellung als 2. Gemeindehebamme bei der Stadt.

Abb. 9: Gebärstuhl

Über die folgenden sechs Jahre hörte man nicht viel von ihr. Lediglich in einem Schreiben des Großherzoglichen Kreisraths des Kreises Alsfeld vom 14. April 1834 an den Bürgermeister der Stadt, in dem es um die „Bestimmung" [Einweisung] einer jungen Frau, die sich zum zweiten Mal hat schwängern lassen, in die Entbindungsanstalt nach Gießen geht, wird sie erwähnt. Da die junge Frau und auch ihr Freund „gänzlich vermögenslos" waren und zu erwarten war, dass die Gebühren für die Entbindung „der Bommes zur Last fallen" könnten, wurde der Stadt die Überweisung nach Gießen angetragen.

Die nächste Erwähnung der Hebamme Bommes findet sich dann in einem höchst bemerkenswerten Brief des Kreisarztes Dr. Stammler am 10. Juli 1836 an Bürgermeister Ramspeck. Im Betreff des Briefes heißt es: „Die Dienstfähigkeit der Hebamme Bommes dahier, insbesondere den sittlichen Lebenswandel."
Weiter führte Dr. Stammler in seinem Brief aus: *„Die Hebamme Bommes soll in einer abscheulichen Trunkenheit gestern Abend gänzlich dienstunfähig gewesen seyn und einen öffentlichen Straßen-Handel verursacht haben."* Dr. Stammler waren schon vorher Gerüchte über die Trunksucht von Elisabetha Margaretha Bommes zu Ohren gekommen und dass sie als Hebamme „wenig oder gar nicht" gebraucht werde, da sie wenig Vertrauen beim „Publikum" genieße. Er forderte von Bürgermeister Ramspeck einen ausführlichen offiziellen Bericht über den sittlichen Lebenswandel der Hebamme.

In den nächsten Wochen wurden wohl weitere Nachforschungen angestellt, die dazu führten, dass die Hebamme Bommes dem Hebammendienst freiwillig entsagte und Kreisrat Neidhardt in einem Brief vom 12. August 1836 an den Bürgermeister verfügte, sie zu entlassen.

Landrat Neidhardt erwartete nun von Bürgermeister Ramspeck einen Bericht über die Bommes, die Anzeige ihrer Kündigung vorm Ortsgericht und eine Erklärung der Bommes, nicht mehr als Hebamme tätig zu sein. Doch Georg Jakob Ramspeck, der für seinen Eigensinn bekannt war, ignorierte wohl diese Aufforderungen trotz Strafandrohung. Nicht überraschend kam dann am 17. September eine erneute Aufforderung, binnen 24 Stunden die Auflagen zu erfüllen, und schließlich am 20. September ein Brief mit der Strafzahlung von 1 Reichstaler. Erst dadurch fühlte sich der Bürgermeister bemüßigt, handschriftlich Notizen, wohl für die lange geforderte Beantwortung, auf das Schreiben des Landrats zu kritzeln, dass die Hebamme Bommes gekündigt habe, und dass er anscheinend mit der Antwort so lange gewartet hatte, bis die inzwischen neu gewählte Hebamme Koch, Frau des Bäckers Gerhard Koch aus Alsfeld, endgültig zugesagt hatte. Doch es blieb wohl bei diesem handschriftlichen Vermerk, da am 27. September eine weitere Strafe von nun 1 Gulden und 30 Talern folgte. Die Affäre Bommes kostete den Bürgermeister, allerdings nicht ganz unverschuldet, richtig Geld und brachte viel Ärger.

Ganz einverstanden schien Ramspeck mit der Wahl der Koch durch den Kreisrat nicht gewesen zu sein, da er ebenfalls handschriftlich auf einen weiteren Brief des Landrats vom 28. September desselben Jahres, in dem er wiederum aufgefordert wurde, die neue Hebamme Koch auf die Gebär-Anstalt nach Gießen zu schicken und die dafür entstehenden Kosten an dieselbe zu überweisen, ein „Signalement", also eine kurze Personenbeschreibung der Gertraude Martin notiert hatte, die ab 1841 dann schließlich 3. Hebamme wurde. Wie sehr der Bürgermeister Frau Martin schätzte, geht aus einem Zeugnis vom 21. Mai 1841 hervor, das in der für ihn sehr umständlichen und gestelzten Sprache verfasst ist:
„Durch dieses bürgermeisteramtliche Zeugniß soll nachgewiesen werden, wie achtungswerthes zu erkennen ist, vernommen zu haben, wie die Ehefrau des praktizierenden Wundarztes H. Martin, Gertraude geb. Koch von hier, sich einem edelen Zwecke zu widmen beabsichtigt, nämlich auf eigene Kosten und persönliche Hingebung das Studium beabsichtigt, welches bei Geburtshülfe weiblicher Ereigniße die Früchte sehnlicher Wünsche des betheiligten Geschlechts zu befriedigen vermag. Frau Martin hat sich in häuslicher, moralisch bewiesener, notorisch sanitätischer und auf das allgemeine Urtheil sich beschränkender Hinsicht das Lob und den Ruf, sich dieser Eigenschaften zu erfreuen, weßhalb man mit Vergnügen diese Ausfertigung derselben ertheilt."[20]

Bürgermeister Ramspeck hatte auch beim Kreisrat zwischenzeitlich angefragt, ob die Kosten, die für die Ausbildung der Bommes angefallen waren, von diesem ersetzt werden könnten, da das Kreisamt schließlich für die Einstellung und die Dienstaufsicht von Hebammen zuständig war. Noch im Dezember 1836 wurde er vom Kreisrat in zwei Briefen um einen schriftlichen Beleg gebeten, dass dieser der Bommes jede weitere Tätigkeit als Hebamme unter Strafandrohung von 10 Reichstalern untersagt habe.

Über Elisabetha Margaretha Bommes hört man ab diesem Zeitpunkt nichts mehr. Was zu diesem tiefen Fall der Hebamme geführt hat, bleibt im Dunkel der Geschichte.

Eine Statistik, veröffentlicht im „Alsfelder Wochenblatt" im Mai 1835, gibt Aufschluss über die Geburten- und Todeszahlen von 1832 bis 1835, also der Zeit von Elisabetha Margaretha Bommes, im damaligen Kreis Alsfeld, der 1832 aus den Landratsbezirken Alsfeld und Kirtorf entstanden war und 72 Orte umfasste (ohne die heutigen Gemeinden Antrifttal, Mücke und Ulrichstein):[21]

---

[20] Herbert Jäkel, Gerhard Jakob Ramspeck. Bürgermeister der Stadt Alsfeld von 1825 bis 1871 und seine Ramspeckiaden; Alsfeld 1999, S. 52
[21] s. Jäkel: Zur Geschichte, in: Der Kreis Alsfeld, Hg. Landrat Georg Kratz; Stuttgart und Aalen 1972, S. 66; 1929 war der Landratssitz von Romrod nach Alsfeld verlegt worden.

In den drei letzten Jahren wurden

1) lebendig geboren: a, eheliche 1391 Knaben und 1330 Mädchen, b, uneheliche 321 Knaben und 314 Mädchen

2) todt geboren: a, eheliche 57 Knaben und 50 Mädchen, b, uneheliche 14 Knaben und 13 Mädchen. Unter den Geborenen befinden sich 46 Zwillinge.

3) sind verstorben: a, Kinder unter 14 Jahren 555 männliche und 536 weibliche, b, Erwachsene über 14 Jahre 689 männliche u. 732 weibliche.

Unter den Verstorbenen befinden sich Todesfälle im Kindbett 24, durch Unglücksfälle 23, durch Selbstmord 9, und durch Verbrechen 2.

Vergleicht man die Zahl der Geborenen, mit der der Verstorbenen, so ergiebt es sich, daß in dem genannten Zeitraume 468 männliche und 376 weibliche Personen mehr geboren, als gestorben sind.

Es finden sich im Stadtarchiv Alsfeld einige Schreiben und Listen, in denen das Großherzogliche Kreisamt die Überweisung von mittellosen, ledigen schwangeren Frauen in die Entbindungsanstalt nach Gießen verfügt.

Damals hatte mit Sicherheit jede Stadt und mit großer Wahrscheinlichkeit fast jedes Dorf eine eigene Hebamme. In Zell sind in einer Statistik aus dem Jahr 1824 sogar als Gemeindebeamte drei Hebammen aufgeführt, bei einer angenommenen durchschnittlichen Geburtenzahl von 30 p.a. (per anno = pro Jahr)![22]

Die häufigste Todesursache bei Wöchnerinnen noch im 19. Jahrhundert war das „Kindbettfieber", vor allem in „Gebär-Anstalten". Dabei handelt es sich um eine Infektionskrankheit, die nach einer Entbindung während des Wochenbettes oder nach einer Fehlgeburt auftreten kann, besonders bei einer unvollständigen Nachgeburt, und durch eine vom Beckenbereich ausgehende Gebärmutter- oder Bauchfellentzündung eine lebensbedrohliche Sepsis auslösen kann. Erst durch den Arzt Ignaz Semmelweis gelang Mitte des 19. Jahrhunderts der Nachweis, dass mangelnde hygienische Zustände für den Tod der Wöchnerinnen verantwortlich waren.[23] Im 20. Jahrhundert dürften kaum noch Todesfälle durch Kindbettfieber vorgekommen sein. Die Sterberate bei Neugeborenen entspricht 4%, was erstaunlich wenig ist, dafür ist die Zahl der unehelich geborenen Kinder mit fast einem Viertel sehr hoch.

Die hohe Zahl von unehelich geborenen Kindern im Jahr könnte mit der am 6. August 1821 eingeführten Militärpflicht von sechs Jahren für jeden Hessen ab 20 Jahren, wenn ihn das Los traf, erklärbar sein. Eine besondere Heiratserlaubnis, die vom Kriegsministerium gegen Nachweis von 200 Gulden erteilt werden konnte, wurde nur vier Männern einer Kompanie zuerkannt. Auch mussten der junge Soldat und seine Verlobte vorher das Ortsbürgerrecht, d.h. den Nachweis von 600 Gulden wirklichen oder zu erwartenden Vermögens nachgewiesen haben.[24]

---

[22] s. Heimatbuch Romrod; Romrod 1997, S. 322
[23] Wikipedia „Kindbettfieber", abgerufen am 19.11.2018
[24] Dank an Dr. Ingrid Schill für diesen Hinweis.

Hebammen in Alsfeld im 20. Jahrhundert

Im 20. Jahrhundert sind für Alsfeld folgende Hebammen namentlich bekannt (es waren meist zwei Hebammen zuständig, z.T. auch aus umliegenden Dörfern):

1896 – 1928 Maria Hyll, geb. Wolf
1897 – 1915 Martha Ochs
1915 – 1941 Katharina Dietz
1928 – 1932 Gudrun Fuhrmann
1937 – 1939 Gertrud Friedrich, geb. Planz (Kündigung wegen Studium „Homöopathische Ärztin")
1940 – 1977 Marie Löb, geb. Nahrgang
1961 – 1997 Irma Lißberger (und weitere Hebammen im Krankenhaus)

Abb. 10: Hebamme Katharina Dietz (Ausschnitt).

Katharina Dietz, geboren 1886 in Romrod, war die Schwester der dortigen Hebamme Karoline „Kaline" Groß. Sie war wahrscheinlich vor ihrer Anstellung als Gemeindehebamme in Alsfeld in Maar tätig, zumindest hat sie dort mit ihrem Mann, dem Tagelöhner Wilhelm Dietz, gelebt, wie aus einem Schreiben an den Bürgermeister von Alsfeld vom 22. November 1915[25] hervorgeht, in dem sie um die Erstattung der Umzugskosten bittet, „weil mein Mann auch im Felde steht". Am 1. Januar 1911 war sie in Romrod von ihrer Schwester von einem Mädchen entbunden worden. Katharina Dietz war auch die Hebamme, die Else Thomae bei Entbindungen in ihrer Entbindungsanstalt in Alsfeld geholfen hat bzw. dafür vorgesehen war.

1932 konnte man im Amtsverkündigungsblatt für den Kreis Alsfeld über Hebammenversammlungen im großen Saal des „Mainzer Hof" in der Mainzer Gasse lesen, die Gebührenordnung der Hebammen, also die Gebühren, die bei Inanspruchnahme von Dienstleistungen der Hebammen zu leisten waren, und ebenso über die von den Krankenkassen an Hebammen zu zahlenden Gebühren und das Wartegeld. 1942 legte der Reichsstatthalter in Hessen, Jakob Sprenger (1848-1945) die Ausbildungskosten einschl. Unterhaltungskosten (Kost, Wohnung und Wäschereinigung) in Mainz auf täglich 1,80 RM, für Lehrmittel 15 RM fest. Hebammenausrüstung und Berufskleidung waren von der Hebammenschülerin zu stellen.

Hebamme Gudrun Fuhrmann

Nach 32 Jahren Tätigkeit als Gemeindehebamme wurde Marie Hyll mit 65 Jahren 1928 in den Ruhestand versetzt. 13 Jahre hatte sie mit Katharina Dietz, der Nachfolgerin von Martha Ochs, die wegen eines unheilbaren Ohrenleidens in den Ruhestand gehen musste, zusammengearbeitet. Die Stelle der Maria Hyll wurde daraufhin neu ausgeschrieben; rund 20 Bewerbungen gingen bei der Stadt ein, u.a. bewarb sich auch die 1888 in Ballenstein im Harz geborene Gudrun Fuhrmann, die 1927 in Kiel zur Hebamme ausgebildet worden war. Da sie nicht aus Hessen stammte, wurde ihre Nominierung zuerst vom Hessischen Ministerium des Innern in Darmstadt abgelehnt, dann jedoch unter der Vorgabe, eine Nachprüfung an der Universitätsfrauenklinik, der Nachfolgerin der ehemaligen Gebär-Anstalt, abzulegen, zugelassen.

---

[25] Stadtarchiv Alsfeld

Am 18. April 1928 legte „Fräulein Gudrun Fuhrmann" diese Prüfung ab und wurde zum 1. Juni d.J. zur zweiten Gemeindehebamme in Alsfeld, neben Katharina Dietz, ernannt. Sie war zu diesem Zeitpunkt bereits 40 Jahre alt!

Mitte Juni 1928 informierte das Kreisgesundheitsamt die Bürgermeisterei, der damals Bürgermeister Dr. Karl Völsing als Bürgermeister vorstand, dass die Hebammentasche der früheren Hebamme Frau Hyll sehr verbraucht sei, *„sodaß die Anschaffung einer neuen Tasche für die neue Gemeindehebamme, Fräulein Fuhrmann notwendig ist. Der Inhalt der Tasche ist zum größten Teil noch brauchbar. Neuanzuschaffen ist*

1. Ein Irrigator

2. Ein roter Schlauch

3. Ein schwarzer Schlauch

4. Ein Hörrohr

5. Ein Klistierspritzchen

6. Ein Zentimetermaß

7. Ein Gummikatheter

8. Eine Wochenbettpinzette

9. Eine Nickeldose für die Nabelbändchen

10. Eine Milchpumpe nach Jaschke

11. 2 Warzenhütchen

13. Feine Bürstchen zum Reinigen der Milchpumpe

13. (sic!) 2 Handtücher

14. Ein Stück Seife

15. 2 weiße Mantelschürzen

Die genannten Gegenstände fehlen entweder oder sind unbrauchbar."

Die Ausstattung der Hebammen hatte sich in den letzten 100 Jahren seit Elisabetha Margaretha Bommes 1830 doch sehr verändert, ein Gebärstuhl gehörte beispielsweise nicht mehr dazu.

Auf Grund der Unterlagen aus dem Stadtarchiv könnte man den Eindruck gewinnen, dass es von Anfang an zwischen der langjährigen Gemeindehebamme Katharina Dietz und Gudrun Fuhrmann Spannungen gab, denn in einer Anweisung der Bürgermeisterei wird Frau Fuhrmann darüber in Kenntnis gesetzt, nicht sie sondern die Romröder Hebamme Frau Gross werde die Vertretung für Frau Dietz während eines Wiederholungslehrgangs für Hebammen übernehmen. Dieser Eindruck wird bestätigt durch einen Bericht der Bürgermeisterei an das Hessische Kreisamt in Alsfeld vom 5. Januar 1929. Anlass war ein Vorfall während einer Geburt.

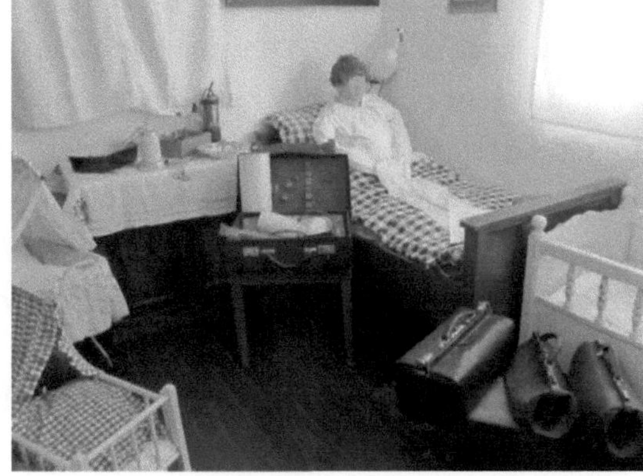

Abb. 11: „Geburtszimmer" im Dorfmuseum Oberrosphe

Abb. 12: Waschutensilien und Waage für das Neugeborene im Dorfmuseum Oberrosphe

Die zuständige Hebamme Fuhrmann konnte durch eine andere Geburt nicht rechtzeitig bei der Gebärenden sein, so dass Frau Dietz hinzugezogen wurde. Während diese alle Vorbereitungen für die anstehende Geburt traf, erschien doch noch Gudrun Fuhrmann und packte ebenfalls ihre Utensilien aus, ohne sich um die anwesende Dietz zu kümmern, geschweige denn sie zu beachten. Um Ärger zu vermeiden, packte Frau Dietz ihre Sachen wieder ein und ging. Im Hinausgehen hörte sie jedoch noch eine Bemerkung von Frau Fuhrmann, die Anlass für deren Vorladung beim Bürgermeister sein sollte: „Jetzt gibt's aber einen mordsmäßigen Krach, die fliegt jetzt." Weiter heißt es im Bericht der Bürgermeisterei: *„Frau Dietz fühlt sich durch diese erneute herabwürdigende Behandlung von Seiten der Hebamme Fuhrmann, welche ihr diese nach ihrer Angabe bei jeder Gelegenheit zuteil werden läßt, ohne dass das Kreisgesundheitsamt sie in Schutz nehme, gekränkt."* Fuhrmann wurde daraufhin vom Bürgermeister vorgeladen, doch das Kreisgesundheitsamt intervenierte, es selbst sei für die Hebamme zuständig und Fräulein Fuhrmann brauche dieser Vorladung nicht nachzukommen. Hierüber empörte sich Bürgermeister Völsing und merkte an: *„Zur Sache selbst möchten wir folgendes bemerken: Fräulein Fuhrmann ist lt. Vertrag Gemeindehebamme und als solche Gemeindebedienstete. Wenn es uns auch selbstverständlich ist, dass die fachliche Dienstaufsicht über die Gemeindehebammen dem Kreisgesundheitsamt zusteht und es uns vollkommen fern liegt, uns in die Dienstbefugnisse des Kreisgesundheitsamtes einzumischen, so nehmen wir in unserer Eigenschaft als verantwortlicher Leiter der Gemeindeverwaltung doch jederzeit das Recht in Anspruch, eine Gemeindebedienstete, einerlei ob sie Hebamme ist oder eine andere Tätigkeit für die Gemeinde ausübt, vor uns zu laden und uns über irgendeine dienstliche Angelegenheit zu informieren. Dies lassen wir uns jedenfalls auch nicht von dem Kreisgesundheitsamt verbieten. Für eine derartige Anordnung wäre uns gegenüber nur das Kreisamt zuständig. Unsere Beschwerde richtet sich vor allen Dingen dagegen, dass die Gemeindehebamme Fuhrmann es nicht für nötig erachtet, auf Ladung vor uns zu erscheinen, und dass uns das Kreisgesundheitsamt verbiteten (sic!) will, eine Gemeindehebamme vor uns zu laden. Weiter möchten wir allgemein bemerken, dass auf Grund der Ziffer 10) des mit der Gemeindehebamme Fuhrmann abgeschlossenen Vertrags die Gemeinde jederzeit das Vertragsverhältnis unter Einhaltung einer Kündigungsfrist von 9 Monaten aufheben kann. Angesichts der fortwährenden Reibereien mit der Gemeindehebamme Dietz müssen wir nunmehr ernstlich erwägen, ob wir nicht unter Darlegung des gesamten Sachverhalts bei unserem Stadtvorstand die Kündigung des Vertrags mit Fräulein Fuhrmann beantragen sollen."*
Nach knapp sieben Monaten Tätigkeit als Gemeindehebamme stand schon eine Kündigung im Raum, die jedoch letztendlich - noch - nicht ausgesprochen wurde.

Am 2. Juli 1930 jedoch kam es noch heftiger. Bei der Bürgermeisterei ging ein Brief ein, in dem sich vier Alsfelder Ärzte, Dr. Gleim, Dr. Rothschild, Dr. Brill und Dr. Weber, über die Hebamme Fuhrmann beschwerten und ihre Entlassung forderten, *„da sie nicht in der Lage sind in erspriesslicher Weise zum Besten der Wöchnerinnen mit ihr zu arbeiten."* Hintergrund der Beschwerde war, dass Fuhrmann, die im Klinsch mit diesen Ärzten lag, bei Geburten immer Dr. Kröck zuzog und nicht den jeweils behandelnden Arzt. Vorangegangen waren wohl diverse Auseinandersetzungen mit diesen Ärzten, die zu Beschwerden beim Kreisgesundheitsamt führten. Besonders Dr. Weber fühlte sich durch das Verhalten der Fuhrmann dazu veranlasst, da sie *„in kindischer Weise bei jeder Begegnung mit ihm ihre Missachtung [zeigt], indem sie den Kopf in entgegengesetzter Richtung dreht. Ebenso kindisch zeigt sie sich den 3 anderen unterzeichneten Ärzten gegenüber, nachdem auch diese in verschiedenen Fällen gegen sie beim Kreisgesundheitsamt Beschwerde geführt haben."* Von einer Entlassung der Fuhrmann sah die Bürgermeisterei jedoch vorerst ab, da Fuhrmann bei einer Kündigung ja auch als Privathebamme weiterhin tätig sein könnte. Nichtsdestotrotz wurde Gudrun Fuhrmann nach einer weiteren Beschwerde dieser vier Ärzte vom Hessischen Kreisamt Alsfeld am 6. Juli 1931 wegen ihres Verhaltens gegenüber der Ärzteschaft in Alsfeld ein Verweis erteilt und sie mit einer Geldstrafe von 10 RM belangt. Im Wiederholungsfalle wurde ihr eine ernstere Strafe angedroht. Dies genügte den vier Ärzten jedoch nicht und so forderten sie 10 Tage später erneut eine fristlose Kündigung der Hebamme. Im Gemeinderatsbeschluss vom 25. August 1931 heißt es dazu: *„Die im Disziplinarwege erfolgte Bestrafung der Gemeinde-Hebamme Fuhrmann reicht nach Ansicht des Gemeinderats nicht aus, um eine Kündigung des Vertrages mit ihr als notwendig und angemessen erscheinen zu lassen. Jedoch soll der Hebamme Fuhrmann nahe gelegt werden, ein erträgliches Verhältnis zu den beschwerdeführenden Ärzten herbeizuführen und alle Versuche, die zu Entbindenden in der freien Arztwahl zu beeinflussen, zu unterlassen, andernfalls eine Kündigung des Vertrages erwogen werden müßte."*

Der Streit scheint jedoch unvermindert weitergegangen zu sein, denn Ende des Jahres ist Gudrun Fuhrmann für mehrere Wochen dienstunfähig, so dass die Hebamme Fröhlich aus Altenburg mit ihrer Vertretung beauftragt wird. Am 31. März 1932 erfolgte dann schließlich die Kündigung: „Mit Rücksicht auf ihr Verhalten, das ein gedeihliches Weiterwirken in Alsfeld ausschließt, entlassen wir Sie mit sofortiger Wirkung auf Antrag des Kreisgesundheitsamts aus Ihrem Dienst als Gemeindehebamme der Stadt Alsfeld."

Doch mit der Kündigung war der Streit mit dieser Hebamme noch lange nicht vorbei. So wurde sie in den folgenden Wochen mehrmals angemahnt, die sich noch in ihrem Besitz befindlichen Ausrüstungsgegenstände an die Stadt zurückzugeben, auch dem Ratsdiener verweigerte sie die Herausgabe, so dass ihr in einem Schreiben vom 10. Mai unter Androhung weiterer Maßnahmen die Nutzung des städtischen Eigentums untersagt wurde. Wie verbissen die Auseinandersetzungen mittlerweile geführt wurden, zeigt ein handschriftlicher Vermerk eines Mitarbeiters der Stadtverwaltung auf einem Brief: *„Ich will mich über diese „Dame" nicht weiter ärgern!"*
Ein weiterer Streitpunkt war die vorläufige Nichtwiederbesetzung der zweiten Hebammenstelle, durch die die Fuhrmann Anspruch auf Rückerstattung der Beiträge zur Versicherungsanstalt erhob, was jedoch abgelehnt wurde.

Nach ihrer Entlassung arbeitete Gudrun Fuhrmann als freiberufliche Hebamme weiter in der Stadt, und der Streit mit der Gemeindeverwaltung, den Ärzten und dem Kreisgesundheitsamt ging munter in die nächste Runde.

Im Juli 1934 wurde die Bürgermeisterei Alsfeld vom Kreisamt auf Grund einer Beschwerde des Dr. med. Kröck über das Verhalten der Hebamme Fuhrmann aufgefordert, dieselbe verantwortlich zu vernehmen. Was genau vorgefallen war, geht aus den Akten nicht hervor. Es ist jedoch erstaunlich, dass sich Fuhrmann jetzt sogar mit dem Arzt, den sie in dem Streit mit den vier Ärzten im Jahr 1930 immer zugezogen hatte, weil sie mit diesen im Streit lag, überworfen hatte. Wie diese Angelegenheit ausgegangen ist, ist leider nicht überliefert.

Die streitbare Hebamme Fuhrmann ließ sich jedoch immer noch nicht aufhalten. Im Januar 1935 schrieb sie einen Brief an das Hessische Ministerium des Innern, Abteilung für das Gesundheitswesen in Darmstadt, der in Abschrift an die Alsfelder Bürgermeisterei ging, in dem sie sich über den Stadtsekretär Weber beschwerte, der angeblich ein vom Arzt Dr. Köhl geschriebenes Rezept für die schwangere Frau des „Fürsorgeempfängers" Karl Lerch nicht hatte abzeichnen wollen und ihn auch davon zu überzeugen suchte, sich eine andere Hebamme für seine schwangere Frau als sie zu nehmen und zur Entbindung ins Krankenhaus zu gehen. In dem eng beschriebenen, dreiseitigen Brief ging sie ausführlich auf ihre fürsorgerische Tätigkeit nicht nur bei dieser mittellosen Familie ein, sondern auch ganz allgemein, obwohl sie in ihrer Tätigkeit als Hebamme von allen Seiten eingeschränkt werden würde und selbst kaum noch genug zum Leben hätte. Sie beschwerte sich über städtische Beamte, die Hebamme Dietz, das Kreisgesundheitsamt und viele mehr. Sehr ideologisch gefärbt und emotional waren einige ihrer Formulierungen für diese Zeit: Seit Januar 1933 waren die Nationalsozialisten an der Macht. So schrieb sie u.a.: *„Ich habe geglaubt und gehofft, dass der nationalsozialistische Staat ein Rechtsstaat sei, in welchem die Gleichschltung (sic!) aller im Volk stehenden Deutschen Gesetz sei. Wie sieht diese Gleichschaltung aber hier aus."* In Bezug auf die Hebamme Dietz führt sie aus: *„Sie rennt von Geburt zu Geburt, denn ihr Beruf ist ihr ein Geschäft und zwar eins auf jüdischer Basis. Der Gelderwerb herrscht allein vor."* Da sie sich von allen Behördenstellen benachteiligt fühlte, versteigt sie sich noch weiter: *„Ich habe einmal geglaubt, das Dritte Reich läge im Kampf gegen jüdische Weltanschauung. Ich sehe mich aber enttäuscht. Macht man doch solche Hebamme zur Führerin eines Verbandes[26]. Ich hatte gehofft, Idealismus, Opfersinn und Dienst am Volke gäben einem das Recht, auf Arbeit. O nein. Nur das Recht überall unterdrückt, beiseitegeschoben, verleumdet zu werden. Ob man dabei seelisch und pekuniär zu Grunde gerichtet wird, wer fragt danach. Ich weiss, dass es den deutschen Landsleuten an der Saar oder im Memelgebiet nicht schlechter unter dem Druck von Franzosen und Polen ergeht, als mir hier unter meinen Volksgenossen. Nein, nicht jene sind die eigentlichen Totschläger auf Erden, die Gewehr und Handgranate tragen, sondern, die jenes zersetzende Gift des Misstrauens säen, demgegenüber schöpferischer Glaube und schaffendes Tun nicht aufkommen kann. Es braucht sich darum niemanden zu wundern, dass ich zu keinen Opfern mehr bereit bin. [...] Aber das Leben hat mich gelehrt, dass jüdische Weltanschauung, nicht deutscher Idealismus, zu Ansehen führt, zu Erfolg und Geld. So höre ich eben auf zu opfern. [...] Diese Vorgänge sind ein Hohn auf unseres Führers Programm, auf die Vorsorge, die er gerade für unsre Kinder als die Zukunft Deutschlands angewandt wissen will. [...] Ich bitte die Hessische Regierung als Vorbild Träger nationalsozialistischer Idee endlich mal hier ein Machtwort zu reden, diesen Beamten in seine Schranken zu weisen, und mir endlich meine Existenzmöglichkeit zu sichern, auf die ich als deutsche Volksgenossin Anspruch habe. Ich muss sonst annehmen, dass dieser jüdische Vernichtungskampf der vor allem von der Hebamme Dietz und den Aerzten Dr. Kröck, Weber und Gleim geführt wird ein Resonanzboden in der nationalsozialistischen Weltanschauung hat."* Erwartungsgemäß widersprachen sowohl der Beamte Weber als auch Bürgermeister Völsing der Darstellung von Gudrun Fuhrmann. Leider sind nicht alle Unterlagen im Stadtarchiv vorhanden, so dass der weitere Verlauf des Geschehens nicht beschrieben werden kann, aber im Juni 1938 wird Bürgermeister Völsing vom Bezirksverwaltungsgericht Gießen vorgeladen, die Sache betreffend: Die Hebamme Gudrun Fuhrmann, Alsfeld; hier: Antrag des Kreisamts Alsfeld auf Entziehung des Prüfungszeugnisses. Es ist nicht sicher, ob Gudrun Fuhrmann tatsächlich die weitere Tätigkeit als Hebamme untersagt worden ist. Anfang der 1940er Jahre ist sie u.a. im Hilfskrankenhaus Kassel gemeldet, ich welcher Funktion ist nicht bekannt. Im Kreis-Adreßbuch Alsfeld 1950 taucht sie mit der Bezeichnung „Lehrerin a.D." auf und 1956 wird ihr in Alsfeld ein Pass ausgestellt.

Hebamme Irma Lißberger

Ihre Ausbildung hatte die langjährige und sehr bekannte Hebamme Irma Lißberger in der Frauenklinik in Marburg absolviert. Während dieser 18 Monate musste sie bis zum Examen unter Aufsicht einer erfahrenen Hebamme 50 Geburten selbstständig durchführen. Für Kost und Logis sowie das Schulgeld musste sie ebenfalls selbst aufkommen. Nach dem Abschluss arbeitete sie, um Erfahrung zu sammeln, zwei Jahre am Evangelischen Krankenhaus in Köln-Lindenthal.[27] 1961 kam sie zurück in den Vogelsberg. Als ambulante Hebamme war sie für die Stadt Alsfeld, Leusel und Vockenrod zuständig[28], da sie aber im Schwalmtal bekannt war, kamen auch viele Schwangere aus der Umgebung zu ihr. Irma Lißberger stand,

---

[26] Wen meint Frau Fuhrmann? War Katharina Dietz vielleicht Bezirksvorsitzende?
[27] Dort hatte sie einmal in der Nacht vom 24. auf den 25. Dezember insgesamt fünf Geburten betreut!
[28] Ihrer Niederlassung als Hebamme musste der Bürgermeister zustimmen.

wie ihre Kolleginnen auch, Tag und Nacht für die Frauen zur Verfügung. Nicht selten passierte es, dass die Geburt schon gelaufen war, bevor der zuständige Arzt zur Stelle war.

Auch zu ihrer Zeit fanden regelmäßige Hebammenversammlungen unter Leitung des Amtsarztes Dr. Saalmann statt, bei denen u.a. der Hebammenkoffer kontrolliert wurde. Alle fünf Jahre mussten sich die Hebammen fortbilden. Bis zu ihrem Ruhestand 1997 half Irma Lißberger bei der Geburt von rund 7.000 Kindern, darunter waren einmal Drillinge und zahlreiche Zwillinge.

Wie sich der Beruf und die Arbeitsbedingungen der Hebammen seit den 1950er Jahren veränderten, schildert die 1935 geborene ambulante Hebamme Irma Lißberger selbst.

Irma Lißberger: Mein Weg zur Hebamme

Am 27.III.1935 kam ich als zweite Tochter des Landwirts Ludwig Hohmann und dessen Ehefrau Anna, geb. Ruppel, in Windhausen in der Hainesgasse Nr. 7 zur Welt, da es damals noch viele freiberufliche Hebammen in den Dörfern gab. Ich besuchte die Volksschule 8 Jahre und danach 2 Jahre die Berufsschule in Ober-Breidenbach.

Abb. 13: Schloss Laubach

Meine zwei Jahre ältere Schwester Erika durfte 1953 die Landwirtschaftsschule in Alsfeld besuchen, aber mir wurde es nicht gestattet, ich mußte meiner Mutter bei allen anfallenden Arbeiten zu Hause und in der kleinen Landwirtschaft von 12 ha helfen, denn mein Vater war schon 1947 verstorben. Zum Glück lebten die Großeltern noch, die fleißig mithalfen. Pappa wurde 1940 gesund eingezogen, um 1946 krank aus dem Krieg zurückzukehren. Trotzdem bekam Mamma keinerlei Unterstützung vom Versorgungsamt in Kassel, da die Herren der Meinung waren, er sei ja nicht direkt an den Kriegsfolgen verstorben. Er verstarb 1947 nach einer Gallen-OP im Laubacher Schloß, wo man ein provisorisches Lazarett für kranke Heimkehrer eingerichtet hatte.

Ich habe ihn dort zweimal besucht, war inzwischen 12 Jahre alt, daher kann ich mich noch an alles gut erinnern, wie es dort aussah. Ein großer Saal mit 42 Verwundeten, grausam ist milde ausgedrückt. Pappa war ganz gelb am Körper, vor ihm bin ich erschrocken. Er war in Frankreich Diabetiker geworden, aber die Medizin war da noch nicht fortgeschritten, so daß man nicht wußte, diese Patienten müssen erst konservativ behandelt werden, bevor man die Gallenblase entfernen darf. Und dieser Fehler hat meinem Vater mit 44 Jahren das Leben ausgelöscht.

Für uns folgte eine traurige Zeit, bis zum Jahre 1955, als meine Schwester heiratete, denn danach ging es wieder bergauf in der Hainesgasse Nr. 7. Mein Schwager Ludwig Döring aus Strebendorf war gelernter Maurer und es war genügend Platz ums Haus herum vorhanden, um zu vergrößern. Er baute ein neues Wohnhaus plus Kuhstall mit Wirtschaftsgebäuden wie Garage für Schlepper und PKW. Und nun nahm mein Leben auch eine gute Wende.

Im Hessischen Rundfunk konnte man täglich morgens von 7:45 bis 8:15 Uhr den Frankfurter Wecker hören, und da brachte die Marburger Oberhebamme Elfriede Krauß einen für mich wie geschaffenen Beitrag. Mädchen, die das zwanzigste Lebensjahr erreicht hätten und einen guten Schulabschluß vorweisen könnten, Interesse an dem Beruf „Hebamme" hätten, sollen sich bitte an der Verwaltung der Universitätsfrauenklinik Marburg melden; mitzubringen seien Zeugnisse und ein polizeiliches Führungszeugnis. Das ließ ich mir nicht zweimal sagen und tat, was ich voller Überzeugung tun mußte.

Kurz vor Ostern fuhr ich per Bahn dorthin, um an der Vorprüfung teilzunehmen. Mit mir saßen da noch etwas 20 bis 25 interessierte, nervöse Frauen und Mädchen mit roten Gesichtern. Eine Sekretärin nahm die Personalien auf und verteilte Fragebögen über Allgemeinwissen etc., ehe die Oberhebamme in Erscheinung trat. Sie verabschiedete sich mit den Worten: Sie bekommen schriftlich die Mitteilung, ob sie bestanden haben. Die freudige Mitteilung ergab: Am 1. Juli 1956 konnte ich anfangen!

Wir wurden in drei Räumen im Erdgeschoß untergebracht, dort befanden sich zwei Waschräume, für jede Schülerin ein Becken, 2 Bäder und auf der gegenüberliegenden Seite einen schönen Speisesaal. Eine Hausfrau aus Marburg war nur für die 24 Schülerinnen zuständig, es waren ja noch 12, die schon die Hälfte der Ausbildungszeit hinter sich hatten. Zum theoretischen Unterricht gingen wir täglich von 11:00 bis 13:00 Uhr in den Hörsaal, außer Samstag und Sonntag. Zur praktischen Arbeit wurden wir sporadisch eingeteilt. Vier Wochen auf Station, 4 Wochen bei den Neugeborenen im Kinderzimmer und vier Wochen im Kreißsaal, wo ich natürlich am liebsten war, plus 1 Monat Kinderklinik. Die lag in der Nähe. Jede Schülerin bekam ein Berichtsheft, dort mußte alles dokumentiert werden, was man geleistet hatte, z.B. bis zum Examen 50 Entbindungen, es waren natürlich viel mehr, dann damals war ja der Kreißsaal immer belegt.

Abb. 14: Bergfest während der Hebammenausbildung, Irma Lißberger in der Mitte.

Abb. 15: Abschlussfoto nach der Prüfung auf der Dachterrasse der Universitätsfrauenklinik, Irma Lißberger die fünfte in der hinteren Reihe.

Nach der Hälfte der Ausbildungszeit wurde das Bergfest gefeiert. Ach, was war das für mich im Nachhinein doch eine schöne unbeschwerte Zeit. Eine frohe Zeit waren ebenfalls die Adventswochen. Da gingen wir über die Stationen und sangen den Wöchnerinnen und den sonstigen Frauen, die vielleicht eine OP hatten, Weihnachtslieder sowie den Kanon „Dona nobis pazem. Den habe ich erst dort gelernt. Auch führten wir ein Krippenspiel am 4.XII. im Hörsaal auf. Da spielte ich die Maria und mußte das Lied „Schlaf, schlaf, mein liebes Kindlein, schlaf" singen. In der Krippe lag ein echtes Christkind, das ein paar Tage vorher geboren war. Aber der kleine Bursche ließ sich trotz meinem Gesang Gott sei Dank nicht wecken.

Die Lehrzeit ging weiter und bald würden wir vor unserer Examensprüfung stehen. Die Dienstordnung mußten wir auswendig lernen und viele, viele Gesetze über Impfungen etc., etc., was später überhaupt nicht abgefragt wurde. Endlich kam der 06. Dez. 1957, der Tag der Prüfung. Der spannendste Moment war, ob alle bestanden hätten und die Verlesung der Noten. Ich habe mit der Note 1 bestanden und war stolz, zu den fünf besten zu gehören. Abends wurde dann ausgiebig mit den Ärzten und Lehrhebammen, Stationsschwestern usw. gefeiert.

1958: Die Deutsche Hebammenzeitschrift hatte ich schon lange im Auge. Da entdeckte ich zum zweiten Mal ein Inserat. Das Evangelische Krankenhaus in Köln-Lindenthal sucht dringend eine Hebamme zum baldigen Zeitpunkt. Da bewarb ich mich wieder mal sofort und alles klappte auf Anhieb.

Köln war für mich nicht uninteressant, da dort meine beste Freundin Marlis wohnte, die ich seit 1939 kannte, als die Großstädter aufs Land flüchteten, um den schweren Bombenangriffen zu entgehen. Marlis und ich wurden schon vor der Einschulung 1940 Freundinnen, und sind es bis 2015 geblieben. Leider erkrankte sie an Demenz und mußte ihren Führerschein abgeben. Vorher kam sie jedes Jahr im Mai nach Alsfeld, und wir besuchten die Windhäuser Kirmes, und wir gingen oft aufs Altstadtfest Anfang August, und gerne in Elfriede Schmidts Weinkeller. Dort verlebten wir fröhliche Stunden. Von 1939 bis 1947 wohnte sie zwar im Nachbarhaus nebenan, aber wir beide wuchsen auf wie Geschwister. Daher konnte ich während den zwei Jahren, die ich im Evangelischen Krankenhaus in Köln-Lindenthal arbeitete, bei ihren Eltern wohnen. Ihr Vater hatte inzwischen in Köln-Merheim ein neues Haus gebaut. Ich fuhr mit der Straßenbahn nach Lindenthal, mußte zweimal umsteigen, auch ca. 500 m durch den Wald laufen, aber Angst hatte ich keine, denn von den Horrorgeschichten, wie sie heute vorkommen, war man 1958 noch weit entfernt.

Ein schönes Erlebnis möchte ich noch erwähnen: Meine Kolleginnen waren drei Diakonissen. Sehr nette Frauen, von denen ich die jüngste war und daher viel zum Nachtdienst eingeteilt wurde. Vom 24. zum 25. Dez. kamen drei Babys nachts zur Welt. Eine Schülerin, S. Hedwig und Dr. Beckmann und ich waren anwesend. Todmüde schlief ich in der Straßenbahn auf dem Heimweg ein. Plötzlich rüttelte mich der Schaffner an der Schulter und frage: Na, wo will denn das Fräulein am 1. Weihnachtstage noch hin? Ich sagte: Nach Hause, nach Merheim. Worauf er antwortete: Hier ist aber die Endstation. Wir sind bereits in Thielenbruch. In 20 Min. fahren wir wieder die Strecke zurück! Es gab noch kein Handy – leider! Sonst hätte ich Fam. Hauser informiert.

Diese Zeit in Köln ist unvergeßlich, denn ich konnte während meinem ersten Sommerurlaub mit Marlis, ihren zwei jüngeren Brüdern und ihrem Vater nach Italien in Urlaub fahren. Am ersten Tag bis nach St. Anton am Arlberg. Das Zelt auf dem Dach – wir wollten doch campen! – des Mercedes. Alles weitere Gepäck im Kofferraum. Den nächsten Tag die schöne Gardastraße entlang bis Caorle und Limone. Dort verweilten wir eine Woche. Danach hieß es: Zelt wieder einpacken und Weiterfahrt bis Rimini. Braungebrannt und gut erholt kehrten wir nach drei Wochen nach Köln-Merheim zurück.

Meine Freundin Marlis fuhr damals schon einen Opel Rekord. Mit dem fuhren wir beide an einem Wochenende in den Vogelsberg, um es genauer zu sagen, nach Windhausen. Alle freuten sich über unseren Besuch. Und so fuhren wir auch an einem Sonntagabend nach Meiches zu einem Sängerfest, um dort dem Herrn Lißberger zu begegnen. Es sollte mein Schicksal sein.

Ich hielt meine Kündigungsfrist ein und nahm das Zeugnis von Prof. Zinser entgegen. Er bedauerte es, als ich mich verabschiedete, daß ich schon wieder gehe. Ich hatte während den zwei Jahren 1048 Geburten, also Kindern auf die Welt geholfen. Aber es zog mich halt in die Heimat zurück. Ich meldete mich beim Gesundheitsamt in Alsfeld beim Amtsarzt Dr. Saalmann an, legte ihm mein Prüfungszeugnis mit Zeugnis aus Köln-Lindenthal vor und er war sehr freundlich, als er sagte: Sie können in Alsfeld mit Krankenhausanschluß sowie in den Dörfern Leusel und Vockenrod arbeiten. Allerdings: Die Genehmigung dazu erteilt der Regierungspräsident in Kassel. Das kann 4-6 Wochen dauern.

Vorher stellte ich mich bei Dr. Bergk vor. Er war damals der einzige Gynäkologe in Alsfeld. Erste Frage ein bißchen von oben herab: Wer schickt Sie dann? Ich war sehr enttäuscht von seiner Stimme, die so gar nicht zu dem großen kräftigen Mann paßte. Ich sagte: Der Amtsarzt Dr. Saalmann. So, so, war alles, was er dazu sagte. Als er dann meine Zeugnisse studiert hatte, war er freundlicher, um zu sagen: Na, da haben Sie ja schon etwas Erfahrung mitgebracht.

Während der acht Wochen Wartezeit machte ich als allererstes meinen Führerschein. Bei Frau Dr. Hennighausen half ich in der Praxis aus, da sich eine Helferin während ihrem Skiurlaub einen Haxen brach. Den Lohn dieser acht Wochen verwendete ich bei der Fahrschule Buhl in Alsfeld.

Endlich hatte ich die Genehmigung aus Kassel in meinen Händen. Der Anfang im Alsfelder KKH war nicht ganz so erfreulich, denn ich war ja als Jüngere eine Konkurrenz zu den 3 älteren eingesessenen und bekannten Hebammen. Sie nannten mich „das Hopfgärtener Mode-Pippchen", aber damit konnte ich leben. Man sagt: Aller Anfang ist schwer. Trotzdem nahmen die Dinge für mich einen guten Verlauf.

Allein durch den Bundesgrenzschutz kamen die jungen Frauen alle zur Entbindung ins Krankenhaus. Hausgeburten wurden immer seltener. In Leusel hatte sich eine Wanderbühne einquartiert, die mehrere Vorstellungen gaben. Da wurde ich nachts angerufen, um die Geburt zu übernehmen, da ich ja für Leusel zuständig war. Ich habe alles ohne Arzt durchgeführt, um dann 2 Std. danach die junge Mutter zu verlassen, wie es die Dienstordnung vorschrieb, acht Mal Wochenbettbesuche gemacht, dann zog die Wanderbühne weiter.

Meinen ersten Kaiserschnitt bei Dr. Bergk werde ich nicht vergessen, da er links vom Nabel einen Längsschnitt ausführte, den Uterus total freilegte, dann erst den Querschnitt über der Symphyse ca. 8-10 cm groß, um das Kind zu holen. Da konnte ich mich nicht bremsen, um zu sagen: So habe ich noch nie eine Sectio gesehen. Und schon kam sein Veto: Ich operiere auf Sicherheit und nicht auf Schönheit. Er hatte es so gelernt und dabei bleibt es – basta! Ich sagte zu mir selbst: Irma, nächstens hältst Du Deine Klappe! Es ist heute undenkbar, daß so ein großer Eingriff, der meistens 1 Std. dauerte, ohne einen venösen Zugang und in einer Chloraethylen-Aethernarkose ausgeführt wurde. Genauso wurden die Dammschnitte versorgt.

Inzwischen hatte er Vertrauen zu mir. Das spürte ich, denn er sagte: Lißbergerin, Sie brauchen mich nachts nicht zu rufen, wenn so weit alles normal verläuft. Notieren Sie mir alles und legen mir den Geburtsbericht zur Karteikarte auf meinen Schreibtisch. Nach dem Gesetz darf die Hebamme eine Geburt alleine ausführen, indes der Arzt eine Hebamme zuziehen muß. So steht es im Gesetz! Vorteil für uns Hebammen.

So vergingen 21 Jahre, die ich mit Dr. Bergk gearbeitet habe. Zwei Hebammen von den Älteren waren inzwischen verstorben. Eines muß ich noch erzählen. Dr. Bergk kam ja aus Mainz und erzählte uns während der Faschingszeit, daß Ernst Neger sein Freund sei, vom Sandkasten an, wo sie beide schon zusammen gespielt hätten. Und wenn am Fernsehen die Sendung „Mainz bleibt Mainz" gesendet wurde, wollte er bitte nicht gestört werden – er wollte das „Heile, heile Gänschen" wieder mal hören!

Abb. 16: 25-jähriges Dienstjubiläum im Alsfelder Kreiskrankenhaus, Irma Lißberger in der Mitte.

Nun schrieb man das Jahr 1978, als Dr. Gieselberg kam, der endlich frischen Wind in die Segel brachte. Ultraschallgerät und CT-Gerät, keine Zangengeburten mehr, sondern nur noch

Vacuumgeburten und kleine OP in örtlicher Betäubung usw. Was neu hinzukam, war noch einiges. Die Ehemänner durften bei ihren Frauen im Kreißsaal anwesend sein. Als zweiter Gynäkologe kam Dr. Nord aus Koblenz hinzu. Aber Dr. Gieselberg und er vertrugen sich nicht, sodaß er, nachdem sein zweiter Sohn, dem ich auf die Welt half, geboren war, wieder in seine Heimat Koblenz zurückfuhr. Bei Risikogeburten wurde Dr. Seebach [Kinderarzt, Anm. der Verfasserin] schon vor der Geburt informiert. Er war für mich der beste Kinderarzt, den es gab. Nie unfreundlich oder mürrisch, falls er nachts kommen mußte oder bei Frühchen-Verlegungen mitfuhr, z.B. in eine Kinderklinik, sei es Marburg, Gießen oder Bad Hersfeld gewesen. Gerne half ich ihm bei den Vorsorgeuntersuchungen.

Inzwischen schrieb man das Jahr 1979, als Dr. Bergk altersmäßig in seinen wohlverdienten Ruhestand ging. Hinzu kam Dr. Jonas, der als Oberarzt in München lange Jahre auf der Gynäkologie gearbeitet hatte. Er sorgte sofort dafür, daß immer eine Hebamme präsent sein sollte. Ebenso sollten die Hebammen ins Angestelltenverhältnis übernommen werden. Das bedeutete Schichtdienst: früh, spät, Nacht, im Wechsel 8 Std. Dazu benötigte man aber fünf Hebammen, denn Urlaub, freies Wochenende oder Krankheit mußten einkalkuliert werden. Nach der Wende war es kein Problem mehr, es gab genug Hebammen. Mir hatte man inzwischen die Leitung im Kreißsaal übertragen. 1982 zogen wir aus der Rambach ins neue KKH Schwabenröder Str. 81 ein. Dort war ich für einiges verantwortlich, z.B. daß alles bevorratet war, was benötigt wurde, und den Dienstplan erstellen. Die neu Hinzugekommenen einweisen, das hieß, eine Woche arbeiteten wir zu zweit, danach mußten sie sich frei schwimmen.

Noch etwas Wichtiges kam neu hinzu: Geburtsvorbereitungskurse und Nachsorge bei den entlassenen Müttern. Diese Kosten übernahmen die jeweiligen Krankenkassen, ebenso unsere Kosten für Seminarbesuche der Geburtsvorbereitungskurse und die späteren Hausbesuche plus Kilometergeld.

Nun schrieb man das Jahr 1997, in dem Dr. Vogel aus Fulda als dritter im Bunde hinzukam. Mit ihm arbeitete ich nur noch bis Anfang September zusammen, denn danach ging auch ich in Rente. Habe aber noch circa 8 Jahre Nachsorgen ausgeführt, dort, wo man mich anforderte. Mit Stolz darf ich sagen: Ich habe bei 7000 Entbindungen Hilfe geleistet, bei denen oft Zwillinge und einmal sogar Drillinge vorkamen. Eine Alsfelder Familie, die schon zwei Söhne hatten, bekamen noch 3 Buben hinzu. Als der Vater vor dem Inkubator stand, sagte er wörtlich: O Schreck laß nach, o Herz bleib standhaft. Die Firma Nestlé übernahm die Nahrung für ein Jahr und das Alsfelder KKH war ebenfalls entgegenkommend und bezahlte einer Kinderschwester Lohn für ein Jahr weiter, damit sie der Mutter helfen konnte, denn fünf Mäuler zu stopfen, ist für eine Person nicht zu schaffen.

Alsfeld hatte ein großes Einzugsgebiet, bis Nieder-Grenzebach fuhr ich zur Nachsorge. Ebenso kam Dr. Margot Kässmann aus Frielendorf zu uns nach Alsfeld. Ihren Zwillingen, zwei Mädchen, half ich ebenso auf die Welt. Aus Stadtallendorf kamen nicht nur türkische Frauen, die bei der Firma Ferrero arbeiteten, aus der Richtung viele, viele Schwangere aus dem Umkreis.

Ein großer Fortschritt war der Mutterpaß. Dort wurden die Blutgruppe sowie alle wichtigen Daten vorangehender Schwangerschaften, Geburten oder OPs eingetragen, also sozusagen die Anamnese dokumentiert.

Zum Abschluß möchte ich noch folgendes erwähnen: Ist es nicht ein großes Wunder, wie wir Menschen entstehen? Der Uterus ist hühnereigroß, wiegt 50 gr. Dort trifft ein Samenfaden auf den Eierstock die Eizelle. Sie vereinigen sich und schon beginnt das Wachstum. Am Ende der neun Monate wiegt der Uterus 1000 gr., steht hoch bis an den Rippenbogen. Nach der Entbindung bildet sich alles innerhalb 6 Wochen zurück. Der Uterus ist übrigens der größte menschliche Muskel, den es gibt – schon wieder sind wir den Männern überlegen.

Soweit der Bericht von Irma Lißberger. Eine Anekdote, die Irma Lißberger immer am Schluss unserer Vorträge zum Besten gibt, soll hier nicht unterschlagen werden. Als Lehrhebamme führte sie den Schülerinnen anhand eines selbst gebastelten, übergroßen Modells einer Gebärmutter die Vorgänge in der Gebärmutter während einer Geburt vor. Irgendwann war ihr Modell in die Jahre gekommen, so dass sie eine Bekannte, die gerne handarbeitete, damit beauftragte, ihr ein neues Anschauungsobjekt zu stricken, was diese gerne tat. Eines Tages bekam sie Besuch. Der war etwas überrascht über das, was dort entstand und fragte: Was strickst du dann da für'n Rucksack? Worauf die Angesprochene antwortete: Ich strick für die Irma e neu Gebärmutter!

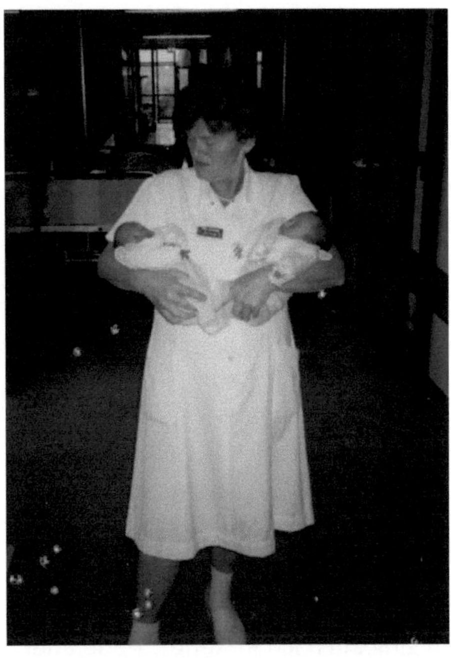

Abb. 17: Irma Lißberger mit Zwillingen.

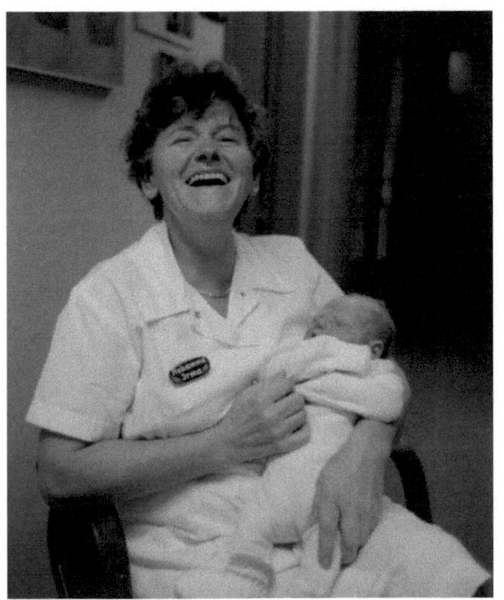

Abb. 18: Freude bei und mit der Arbeit.

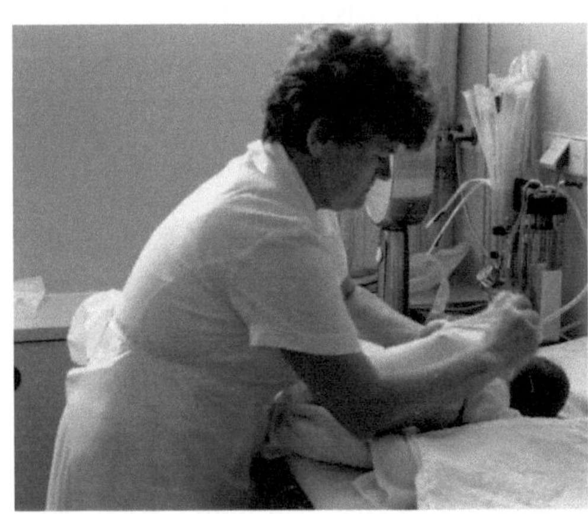

Abb. 19: Irma Lißberger bei der Versorgung

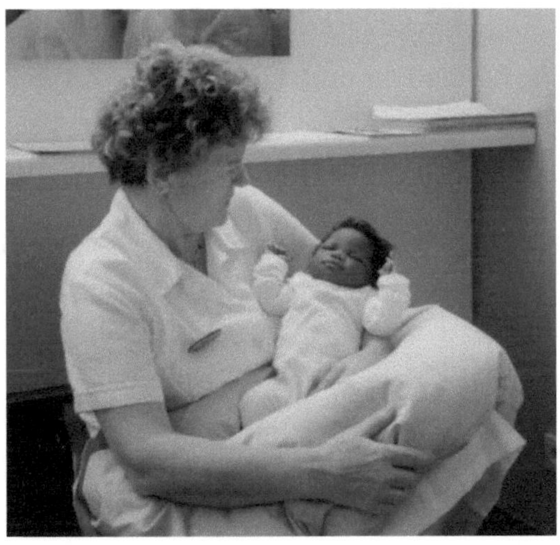

Abb. 20: Die multikulturelle Gesellschaft wird auch bei Geburten sichtbar.

Das Alsfelder Krankenhaus und private Entbindungsheime in Alsfeld

Ab 1908 gab es dann auch die Möglichkeit, Kinder im neu erbauten Krankenhaus in der Rambach zur Welt
zu bringen. Doch im Gegensatz zu heute gingen die wenigsten Frauen zum Entbinden ins Krankenhaus,
sondern vertrauten sich ihrer Hebamme im Ort an. Zur Entbindung nach Gießen gingen im 19. Jh. vor allem
auch nicht-verheiratete Frauen. Darüber hinaus waren auch viele Allgemeinmediziner als Geburtshelfer
tätig. Sie durften jedoch, im Gegensatz zur Hebamme, keine Geburt selbstständig, also ohne Hebamme,
durchführen (s. Bericht Irma Lißberger).

Neben dem Kreiskrankenhaus in Alsfeld gab es aber im 20. Jahrhundert noch zwei Entbindungsheime, die
allerdings beide nicht lange bestanden.

Das Alsfelder Krankenhaus

Abb. 21: Das Alsfelder Krankenhaus am 18.05.1908.

1904 beschloss der Kreistag des Landkreises Alsfeld den Bau eines Krankenhauses in der Rambach. Bis
dahin hatte es nur ein sehr einfach ausgestattetes und veraltetes Hospital auf dem Gelände des ehemaligen
Augustinerklosters gegeben. Maßgeblicher Initiator für den Krankenhausneubau war Sanitätsrat Dr. Adolf
Weber gewesen, der ab 1902 als Arzt auch für das Gründchen zuständig war[29] und der dann auch 28 Jahre
lang, von 1908 an, die Leitung des Kreiskrankenhauses inne hatte. Er war Belegarzt und führte alle
chirurgischen Eingriffe selbst durch.[30] Seine Kinder Dr. Bruno Weber und Dr. Ingeborg Hennighausen
tauchen als Geburtshelfer einige Male in den Tagebüchern von Berta Hamel auf.

---

[29] Mündliche Auskunft von Joachim Weber 13.03.2016
[30] s. Ingfried Stahl: Alsfelder Familientradition des Sanitätsrats Dr. Adolf Weber, in: MGMV 1/2005, S. 14ff.

Bei der Eröffnung 1908 verfügte das Krankenhaus über 20 Betten, die im Bedarfsfall verdoppelt werden konnten. In einem der drei Nebengebäude war die Isolierstation mit neun Betten untergebracht.[31] Nach diversen Anbauten - zum Schluss standen in der Rambach 175 Betten zur Verfügung - war das Krankenhaus dennoch irgendwann zu klein und entsprach auch nicht mehr den baulichen, technischen und hygienischen Anforderungen, die man an ein modernes Krankenhaus stellte. Das Krankenhaus muss schon früh eine eigenständige gynäkologische Abteilung mit Geburtshilfe gehabt haben, spätestens ab 1944. In diesem Jahr taucht nämlich der aus Mainz stammende Frauenarzt Dr. Hans Bergk (1912-1998) in den Tagebüchern der Alsfelder Hebamme Marie Löb bei Geburten im Krankenhaus auf.

Hans Bergk hatte seine Praxis bis Ende der 1970er Jahre im Junkergarten 6, bevor er in die Landgraf-Hermann-Straße umzog und dort noch wenige Jahre praktizierte. Im Altkreis Lauterbach gab es mit Dr. Hans Hartmann kurze Zeit später ebenfalls einen Frauenarzt. Im Gegensatz zu Dr. Bergk, der bis zum Schluss seiner Berufstätigkeit noch Zangengeburten durchführte, bevorzugte Dr. Hartmann bereits die Vakuumgeburt, weshalb auch Alsfelderinnen öfter nach Lauterbach fuhren. Gab es bei einer Geburt Probleme, schickte Dr. Bergk die Frauen in Begleitung der Hebamme zum Röntgen ins Kreiskrankenhaus. Erst mit Dr. Hans Gieselberg, der 1979 seine gynäkologische Praxis in Alsfeld eröffnete, wurde die Ultraschalluntersuchung eingeführt. Mit der Niederlassung von Dr. Rainer Jonas schließlich erfolgte 1981 die Anstellung von Hebammen im Alsfelder Krankenhaus.

1982 wurde das neue Kreiskrankenhaus an der Schwabenröder Straße eingeweiht, das über 202 Betten verfügte. Jetzt gab es für Frauen eine moderne Einrichtung mit Ultraschall, zeitgemäßem Kreißsaal –

Abb. 22: Dr. Hans Bergk, um 1970

Männer durften nun auch bei der Niederkunft ihrer Frauen dabei sein – und einiges mehr. Bis 2008 standen für die Schwangeren 28 Betten zur Verfügung sowie 20 für Neugeborene. Leiter und Belegärzte waren nach Dr. Bergk:
Dr. Hans Gerhard Gieselberg, Dr. Rainer Jonas, Dr. Hermann Vogel und Dr. Stefan Schindler.
Im Dezember 2016 wurde die Abteilung für Gynäkologie und Geburtshilfe als letzte im Vogelsbergkreis aus Kostengründen geschlossen.

Nebenbei sei angemerkt: In den Tagebüchern der Berta Hamel werden in den 38 Jahren ihrer Hebammentätigkeit nur zweimal sicher Frauen ins Krankenhaus in Alsfeld überwiesen, alle anderen nach Gießen.

Die private Entbindungsanstalt der Else Thomae[32]

„Nach einer uns vom Standesamt Alsfeld fernmündlich gemachten Mitteilung soll eine Frau Thome(sic!) hier, untere Fuldergasse, in auswärtigen Zeitungen Annoncen erscheinen lassen, in denen sie ihr Haus zur Aufnahme von Schwangeren zwecks diskreter Entbindung anpreist. Wir fragen ergebenst an, ob dortseits von dieser Sache etwas bekannt ist, insbesondere ob Frau Thome um die in § 30 der R.G.O. vorgeschriebene Konzession eingekommen ist."

---

³¹ s. Flyer: 100 Jahre KKH des Vogelsbergkreises in Alsfeld GmbH; 2008
³² Hessisches Staatsarchiv Darmstadt, Signatur G15 Alsfeld P43

(Brief des Hess. Kreisgesundheitsamtes Alsfeld an das Hess. Kreisamt, zur Beantwortung an die Alsfelder Bürgermeisterei, vom 18.06.1929)

Es scheint, als ob eine „kleine Denunziation" der Auslöser für das nun folgende, über einjährige Verfahren gewesen ist, das letztendlich zum Ende der nur kurzen Existenz der privaten Entbindungsanstalt von Else Thomae gewesen ist. Die Antwort von Bürgermeister Dr. Völsing war kurz und sachlich: Frau Thomae sei noch am gleichen Tag über die Erfordernis, eine Konzession zur Betreibung ihrer privaten Entbindungsanstalt beantragen zu müssen, informiert worden und bitte darum, dass ihr Ersuchen beschleunigt behandelt werden solle, da weitere Anmeldungen vorlägen, die sie nicht zurückweisen wolle. Dr. Völsing schien der Witwe, wie aus dem Briefwechsel der folgenden Monate durchschimmerte, wohlgesonnen gewesen zu sein auf Grund ihrer prekären finanziellen Situation.

Else Emma Antonie Thomae, geb. Lindemann, war Mitte des Jahres 1929 49 Jahre alt, also um 1880 geboren, und Witwe des Unternehmers Adam Thomae, der am Fulder Tor 30 eine Wollspinnerei betrieben hatte, die er wohl in Nachfolge von Johannes Koch bzw. dessen Witwe übernommen hatte.[33] Aus der Ehe war eine Tochter hervorgegangen. 1925 ist Adam Thomae wohl verstorben und Else Thomae führte den Betrieb als Unternehmerin bis Mitte 1929 weiter, musste ihn dann jedoch wegen Absatzschwierigkeiten schließen. Auf der Suche nach einer Möglichkeit, für sich und ihre Tochter den Lebensunterhalt zu sichern, gründete sie eine private Entbindungsanstalt in ihrem Haus, die dazu gedacht war, Mädchen und Frauen aus gutem Hause eine diskrete Möglichkeit zur Entbindung zu bieten, wie sie selber in einem Brief schrieb. Im Klartext hieß das wohl, unverheiratete Frauen, deren Familien Geld hatten und einen Skandal fürchteten. Dafür warb sie in Zeitungen außerhalb Alsfelds, ohne Konzession nach § 30 der Ausführungsverordnung zur Gewerbeordnung. Vor ihrer Eheschließung hatte sie nach eigener Aussage das Kindergärtnerinnenseminar absolviert und war Erzieherin. Außerdem hatte sie acht Pflegekurse besucht und sich während des Ersten Weltkriegs als Rot-Kreuz-Schwester betätigt.

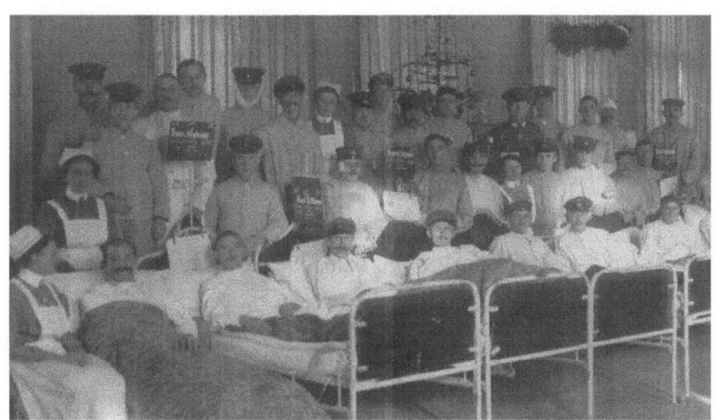

Abb. 23 Sanitätskolonne im Alsfelder Krankenhaus.

Am 11. Juli 1929 bittet der Leiter des Kreisamts Dr. Stammler den Leiter des Kreisgesundheitsamts Dr. Schad um eine Stellungnahme. Der darauf folgende Bericht kam zu einem vernichtenden Urteil. Dr. Schad kommt zu dem Ergebnis, dass die Person der Frau Thomae keine ausreichende Gewähr für die sachgemäße Leitung einer Entbindungsanstalt gibt, sie noch nicht einmal ein Krankenpflegerinnenexamen abgelegt habe. Wörtlich schreibt er weiter zu den Räumlichkeiten: *„Das Haus, in welchem Frau Thomae die Entbindungsanstalt eröffnen will ist ein einfaches älteres Wohnhaus und hat keinerlei besondere Einrichtungen. Der Raum, den sie als Entbindungszimmer bezeichnet, ist ein einfacher Wohnraum mit einem gewöhnlichen Bretterboden, der schwer sauber zu halten und zu desinfizieren ist. Eine zweckentsprechende Waschgelegenheit für Hebamme oder Arzt ist in dem Zimmer auch nicht eingerichtet. Ausserdem beabsichtigt Frau Th. in diesem Raum zusammen mit der Wöchnerin zu schlafen, was wir auch für durchaus unangängig(sic!) halten. Die Closets im Hause haben keine Fenster und sind nicht nach aussen entlüftbar. Ihre Lage im Zentrum der Wohnung, mitten zwischen den anderen Räumen ist durchaus unzweckmässig. Das vorhandene Badezimmer ist auch dürftig eingerichtet und wenig sauber gehalten."*

---

[33] s. Adreß-Buch Alsfeld 1925/26, S. 63

Am 21. August führte das Kreisamt gemeinsam mit dem Kreisgesundheitsamt eine Ortsbesichtigung im Haus von Frau Thomae durch, und am 26. September entschied der Kreisausschuss des Kreises Alsfeld in einer nichtöffentlichen Sitzung, das Gesuch um eine Genehmigung zur Betreibung einer Entbindungsanstalt abzulehnen, da *„die baulichen und sonstigen technischen Einrichtungen den gesundheitspolizeilichen Ansprüchen nicht entsprechen."* Gegen diese Entscheidung legte Else Thomae Widerspruch ein und engagierte den bekannten Alsfelder Rechtsanwalt Otto Dornseiff, der bereits nach 12 Tagen sein Mandat wieder niederlegte. Die Gründe hierfür gehen aus dem Schriftverkehr nicht hervor. Schon am nächsten Tag, dem 29. Oktober, erteilte Frau Thomae dem Alsfelder Rechtsanwalt Jakob Partheimer die Prozessvollmacht[34], der am darauf folgenden Tag schriftlich beim Kreisamt die Bitte seiner Mandantin vorlegte, ihr zu gestatten, zwei Frauen, die sich noch bei seiner Klientin befinden, bis nach der Entbindung dort zu belassen. Denn bereits am 21. Oktober war Frau Thomae vom Kreisamt aufgefordert worden, ihre Privatentbindungsanstalt zum 1. November zu schließen, noch anwesende Frauen sollten im Kreiskrankenhaus entbinden.

Am 5. November schließlich fand eine öffentliche Sitzung des Kreisausschusses des Kreises Alsfeld statt, an der folgende Vertreter teilnahmen:
der Vorsitzende, Kreisdirektor Dr. Stammler,
der Referent, Regierungsrat Strack,
die Mitglieder Korell, Müller, Kranz und Vogeley sowie
der Protokollführer, Verwaltungsoberinspektor Hach.

Zur Sache waren erschienen:
Rechtsanwalt Jakob Partheimer,
die Gesuchstellerin Else Thomae,
Medizinalrat Dr. Schad,
die Kreisfürsorgerin Schwester Elisabeth Foermes sowie
Bürgermeister Dr. Völsing.

Im Protokoll und der Urteilsbegründung vom 9. November sind als wesentliche Punkte festgehalten:

- Frau Thomae wolle keine Entbindungsanstalt sondern ein Entbindungsheim, also Pension für schwangere Frauen, in dem sie Mädchen „seelisch stütze". Dafür sei keine Konzession notwendig.
- Es sei nur Platz für 5 Personen (gegenüber früher 6-7), da sie durch den Verkauf ihres Hauses sich hatte verkleinern müssen.[35]
- Das Entbindungsheim werde nur noch 3 ½ Jahre bestehen, so lange Else Thomae noch Wohnsitz im Haus habe.
- Die Untersuchung aller Mädchen erfolgt durch den Allgemeinarzt Dr. Brill, Alsfeld.
- Die Geburten werden durch die Alsfelder Gemeindehebamme Katharina Dietz geleitet.
- Die Einrichtung eines Zimmers, das ausschließlich Entbindungen dient.
- Einbau einer Entlüftung der Klosettanlage.

---

[34] Viel Auswahl an Rechtsanwälten hatte Else Thomae in Alsfeld nicht. Es gab 1929/30 lediglich drei: Otto Dornseiff, Jakob Phil. Partenheimer und Viktor Wachtel; s. Adreß-Buch der Kreisstädte Alsfeld mit Groß-Felda und Lauterbach 1930-31.
[35] Ende 1929 hatte Else Thomae wohl aus finanzieller Not heraus ihr Haus an Heinz Rockel, den Gründer der gleichnamigen Alsfelder Hutfabrik verkauft; s. dazu M. Hölscher/E. Wagner: Hüte und Hutproduktion im Vogelsberg; Heimat-Chronik 10+11/2005; dies.: Stolz auf die Hüte; ebd. 5/2011.

Dr. Schad vom Kreisgesundheitsamt betonte, dass er nach wie vor der Auffassung sei, Frau Thomae fehle die persönliche Qualifikation zur Führung einer Entbindungsanstalt, dem sich der Kreisausschuss jedoch nicht anschloss, und für das Kreisgesundheitsamt kein Zweifel bestehe, dass es sich um eine Entbindungsanstalt handelt, die gewerbsmäßigen Zwecken dient, so dass eine Genehmigung notwendig sei. Diesem Punkt schloss sich der Kreisausschuss an. Die Kosten des Verfahrens hatte daher die Gesuchstellerin zu tragen.

Mit der Genehmigungsurkunde vom 12. Februar 1930 wurde die Erlaubnis zum Betrieb einer privaten Entbindungsanstalt erteilt, mit der Vorgabe, das im Obergeschoss liegende Zimmer ausschließlich für Entbindungen zu nutzen.

Es war also ein durchaus zweischneidiges Urteil für Else Thomae. Auf der einen Seite durfte sie ihre Entbindungsanstalt weiterführen, wenn auch unter Auflagen, auf der anderen Seite hatte sie verloren, indem der Kreisausschuss entschieden hatte, dass für den Betrieb eine Konzession nötig war. Als Unterlegene bei letzterem Punkt musste sie die Kosten des Verfahrens tragen, und die beliefen sich auf stolze 62 Reichsmark. Für eine Frau, die für sich und ihre Tochter den Lebensunterhalt bestreiten musste, die zudem gezwungen gewesen war, ihr Haus zu verkaufen und sich dadurch räumlich einschränken musste, also weniger zahlende „Mädchen" aufnehmen konnte, gewiss ein herber finanzieller Rückschlag. Und so verwundert es nicht, dass Else Thomae nach Zustellung des Gebührenbescheids am 10. Januar 1930 beim Kreisamt um Ratenzahlung bat, da sie nicht in der Lage sei, diesen Betrag auf einmal zu bezahlen.

In den nun folgenden Monaten ging es zwischen Else Thomae, dem Bürgermeister, dem Kreisamt und dem Gesundheitsamt hin und her (Betrieb still gelegt oder nur ruhend, Entbindungsanstalt oder Pension, Konzession nötig oder nicht, …). Am 11. Juni 1930 kommt das Kreisamt zu der Überzeugung, dass die Voraussetzungen zum Betrieb der Entbindungsanstalt nicht mehr gegeben seien, da durch die Kündigung von Räumen durch den neuen Hausbesitzer Entbindungen im Schlafzimmer von Else Thomae stattgefunden

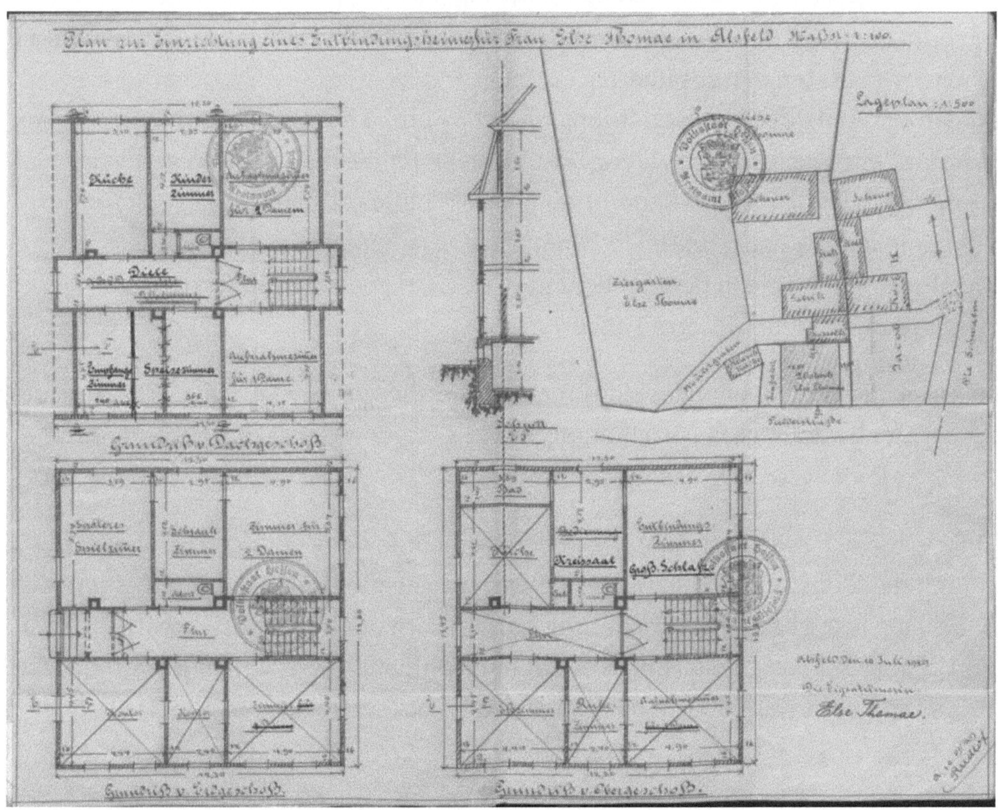

Abb. 24: Grundriss des Hauses.

hätten. Letztendlich wird ihr die Konzession im September 1930 wieder entzogen, so dass auch ihrer Bitte, noch zwei Damen in ihrem Haus die Entbindung zu gestatten, mit dem Hinweis, die Genehmigung sei erloschen, nicht entsprochen wird.

Im letzten vorhandenen Schreiben von Else Thomae vom 12. September 1930 teilt sie dem Kreisamt mit, dass sie grundsätzlich „jetzt keinen Wert mehr darauf auf Bewilligung einer Konzession" lege, lediglich um Genehmigung bittet, noch einer Dame, die zur Zeit in ihrem Hause verweilt, entbinden zu lassen.
Was Else Thomae nach der Schließung ihrer Entbindungsanstalt gemacht hat, ließ sich nicht mehr feststellen. Im Adreß-Buch 1930-31 wird sie, noch immer am Fulder Tor 30 wohnend (noch bis 1950!), als o.B. = ohne Beruf geführt.

Das private Entbindungsheim des Dr. Ludwig Kröck[36]

Ludwig Kröck wurde 1894 in Gießen geboren. 1914 begann der Erste Weltkrieg. Er war Medizinstudent und wurde deshalb als Sanitäter eingezogen. In Urlaubszeiten setzte er sein Medizinstudium fort und eröffnete 1921 als „Praktischer Arzt und Geburtshelfer" (heute verwendet man diese Bezeichnung nicht mehr) in Storndorf (jetzt Teil von der Gemeinde Schwalmtal) seine erste Allgemeinarztpraxis.

Die Tätigkeiten des praktischen Artes waren sehr umfangreich. Er behandelte alle üblichen Krankheiten, leichte und schwerere Verletzungen, Brüche, Ohrenschmerzen, Augenerkrankungen, Angina und Kappen von Mandeln (Tonsillotomie), also eigentlich fast alles, was seit der zweiten Hälfte des 20. Jahrhunderts zu einem großen Teil einer fachärztlichen Ausbildung obliegt. Die Tätigkeit als Geburtshelfer bedurfte einer Zusatzqualifikation. Der Arzt als Geburtshelfer war nicht als Ersatz für die Hebamme, sondern eine Ergänzung dann, wenn sich vorgeburtlich, also während der Schwangerschaft, gesundheitliche Schwierigkeiten einstellten oder während des Geburtsvorganges Komplikationen auftraten. Die Hebamme und der ärztliche Geburtshelfer arbeiteten eng zusammen.
Für Herrn Dr. Kröck waren der Zeitpunkt der Praxiseröffnung und der Aufbau der ländlichen Patientenschaft gerade in der Inflationszeit sehr schwierig. Er und seine junge Ehefrau, eine gebürtige Alsfelderin, wurden mit großer Zuneigung von der Bauernfamilie Weiß hilfreich beim Eingewöhnen unterstützt. Die kleine Wohnung und die Praxis waren in Zimmern eines ehemaligen Gasthauses untergebracht. Besuche bei den Kranken, die in den umliegenden Dörfern in einiger Entfernung vom Praxisort Storndorf lebten, wurden mit dem Motorrad absolviert.

1924 fand der Umzug mit Praxis und Wohnung in das Haus Alsfeld, Grünberger Str. 12, statt.[37] 1926 erfolgte der Kauf des Hauses „Stadtpark", ebenfalls in der Grünberger Straße gelegen, wo Praxis und Wohnräume mehr Platz hatten.

Mit dem Umzug nach Alsfeld war die ärztliche Versorgung in den Gemeinden des heutigen Schwalmtal aber weiterhin sichergestellt. Wenn die Menschen in den Dörfern einen Arzt benötigten, was oft auf „den letzten Drücker" geschah, da viele keine Krankenversicherung hatten, kam der Arzt selbstverständlich zur Wohnung des Kranken. Von Alsfeld aus waren die Fahrstrecken und Fahrzeiten jetzt länger geworden, doch das war für die typische sog. „Landarztpraxis" üblich, da man die langen Wegstrecken wegen der teilweise

---

[36] Dank an Dr. Ingrid Schill, geb. Kröck, für die persönliche Aufzeichnung des Berichtes über das Entbindungsheim ihres Vaters.
[37] s. Adreßbuch der Stadt Alsfeld 1925/26, S. 53

schlechten Verkehrsbedingungen den weit entfernt wohnenden Patienten nicht zumutete. Dieselbe
ärztliche Fürsorge erhielten auch die innerstädtisch wohnenden Patienten.

Zu Fahrten der Streckenbewältigung bei unterschiedlichen Wettern in den wechselnden Jahreszeiten – die
Winter waren damals monatelang echt schnee- und frostreich – stand jetzt auch ein kleines Auto, Opel P 4,
allgemein als Doktorauto tituliert, weil inzwischen von sehr vielen Landärzten gefahren, zur Verfügung.

Zu damaliger Zeit war das Verhältnis zwischen Arzt, insbesondere in der Funktion als Geburtshelfer,
Hebamme und den Patienten ein sehr persönliches. Für die Patienten war es nicht selbstverständlich, einen
Telefonanschluß zu besitzen. Die Kommunikation zwischen Patient und Arzt, Hebamme, wegen eines
Hausbesuchs übernahmen deshalb freundliche Menschen, die über ein Telefon verfügten, z.B. in
Brauerschwend Frau Schmiermund vom
gleichnamigen Gasthaus oder in Elbenrod die für die
Hilfspoststelle zuständigen, meist weiblichen
Personen. Dort wurden auch Rezept- und andere
Wünsche schriftlich abgegeben, die dann beim
nächsten, meist im Voraus wöchentlich
stattfindenden Ortsbesuch vom Arzt erledigt
wurden. Das klappte in der Regel sehr gut. Besuche
zur Tageszeit und auch zur Nachtzeit, z.B. bei
plötzlich auftretenden Krankheiten, oder benötigter
Geburtshilfe, waren vollkommen normal.
Wurden der Arzt oder die Hebamme krank oder
legten wenige Tage Urlaub ein, so mußten sie selbst
für Vertretungen sorgen. Junge Ärzte, die noch in

Abb. 25: Praxisschild des Entbindungsheimes.

der praktischen Ausbildung, aber schon reiche Erfahrung in Kliniken oder Krankenhäusern gemacht hatten,
machten die Vertretung, lebten meist im Arzthaus, um auch immer präsent zu sein.
Hinsichtlich der Praxisräume ist daran zu erinnern, daß ein Arzt zur Ausübung der Patientenbehandlung
meist nur ein bis höchstens drei Zimmer zuzüglich eines Wartezimmers benötigte, denn medizinische
Helferin war üblicherweise die Ehefrau oder eine Verwandte, die gut angelernt wurde durch den täglichen
Umgang mit den Patienten, zu denen sich fast immer eine sehr persönliche Beziehung entwickelte. Dies
Hinwendungsbemühen wurde verstärkt durch die Hilfen, die der Geburtshelfer gemeinsam mit der
Hebamme bei der Entbindung erbrachte. Auch die nächste Generation verließ sich dann auf die bewährten
Hilfen. Das Team Arzt und Hebamme kannte nicht nur die physischen Beschwerden der
Patientenfamilienmitglieder, sondern waren auch Vertraute in schwierigen Lebenslagen. Allmählich waren
sie fast Familienmitglieder, die man in Notzeiten auch tätig und sachlich (z.B. landwirtschaftliche Produkte)
unterstützte.

1939 verlegte Dr. Kröck seine ärztliche Tätigkeit aus persönlichen Gründen in seine Heimatstadt Gießen.
Hier praktizierte er bis 1944. In Folge eines verheerenden Luftangriffs auf die Stadt, wobei 80% der
Gießener Innenstadt zerstört wurde, auch das Wohn- und Praxishaus, kehrte er mit seiner Familie nach
Alsfeld zurück.

Im späten Frühjahr 1945, nach Ende des Krieges, wurde das Haus in Alsfeld, Grünberger Straße 4, wieder in
Teilen leer. Vorher war es an die NSV [Nationalsozialistische Volksfürsorge], die ihren Kindergarten dort
untergebracht hatte, sowie an die evangelische Gemeindeschwester Marie Hofferberth, vermietet. So war
wieder Platz für die Praxis, die eigene Familie sowie zwei weitere vielköpfige Familien aus Offenbach und
Frankfurt, die vor den ständigen Bombardierungen auf das Rhein-Main-Gebiet geflüchtet waren.

Im Sommer 1945 konnte Dr. Kröck seine Arzt- und Geburtshelfer-Praxis wieder eröffnen. Der Trend zur Verlegung von Hausgeburten in Krankenhäuser bzw. Kliniken hatte im Laufe der Jahre zugenommen. Deshalb bemühte sich Dr. Kröck für Entbindungen vom Alsfelder Kreiskrankenhaus Belegbetten zur Verfügung zu erhalten, leider hatte er damit keinen Erfolg.
Diese Situation brachte die beiden Kollegen Dr. Kröck und Dr. Hans Köhl zusammen. Herr Dr. Köhl, Internist und als Praktischer Arzt in Alsfeld tätig, hatte für seine internistischen operativen Eingriffe Belegbetten beantragt. Der Wunsch wurde ebenso abgelehnt.
So reifte der Entschluß, gemeinsam ein Privatkrankenhaus und Entbindungsheim in den Räumen des bis dahin bewohnten und jetzt freien Hauses Stadtpark in der Grünberger Straße 4 zu gründen.

1950 wurde das „Privatkrankenhaus und Entbindungsheim" eröffnet. Neben den notwendigen und bereits vorhandenen Sanitär- und Wirtschaftsräumen wurden das OP-Zimmer von Herrn Dr. Köhl und 10 Betten von Herrn Dr. Kröck zur Verfügung gestellt. Mitarbeiterinnen waren eine OP-Schwester, eine Hauswirtschafterin, die von dem tüchtigen „Allround-Hausmädchen" Anna aus Berfa unterstützt wurde sowie die Ehefrau B. Kröck. Die bisherigen Praxisräume befanden sich weiterhin im Haus.
Der Wohn- und Lebensmittelpunkt der Familie wurde wieder nach Gießen verlegt.

1952[38] war ein Unfall von Herrn Dr. Kröck mit schweren Verletzungen an beiden Händen dann der Anlaß, die erfolgreiche und befriedigende Einrichtung „Privatkrankenhaus und Entbindungsheim" aufzugeben. Bis 1971 praktizierte Herr Dr. Kröck als Praktischer Arzt in Gießen, ohne die von ihm mit gefühlter Berufung und Sensibilität ausgeübte Geburtshelfertätigkeit weiter ausüben zu können. 1972 starb er.

---

[38] Nicht 1954, wie in zahlreichen Publikationen zum Entbindungsheim zu lesen ist.

Hebammen im „Dritten Reich"

Im „Dritten Reich" erlebte der Beruf der Hebamme einen wahren Boom.[39] Eine wichtige Rolle kam ihnen
und den Ärzten vor allem bei der Durchführung des Gesetzes zur Erhaltung der Erbgesundheit zu. So
bekamen sie bei der Meldung der Geburt eines geistig und körperlich behinderten Kindes eine Prämie von 2
RM vom Staat.[40] Solche Meldungen waren in Städten weit häufiger als auf dem Land, wo Hebammen und
Ärzte eine viel engere Bindung zu den Gebärenden und ihren Familien hatten und im sozialen Gefüge fest
verankert waren. Durch eine solche Meldung wurden die Kinder wohl in den meisten Fällen Opfer des
nationalsozialistischen Euthanasie-Mordprogramms. Wie vielen Hebammen und Ärzten dies bekannt war,
wird wohl nie ganz ans Tageslicht kommen. Ideologisch geschult wurden sie von 1935 bis 1943 in der
Führerschule der Reichsärzteschaft in Alt-Rehse im heutigen Mecklenburg-Vorpommern, seit einigen
Jahren eine Erinnerungs-, Bildungs- und Begegnungsstätte.

Nach der Machtübernahme der Nationalsozialisten 1933 wurden die Hebammen in die
Reichsarbeitsgemeinschaft der Berufe im sozialen und ärztlichen Dienst eingegliedert und die Verbände als
Reichsfachschaft Deutscher Hebammen formiert. Leiterin dieser Fachschaft wurde die als
„Reichshebammenführerin" titulierte Nanna Conti (1881-1951). In dieser Funktion führte sie vom 26.-
27.06.1937 in Alsfeld eine Haupttagung der Landesfachschaft Hessen durch.[41] Landesfachschaftsleiterin war
damals Emy Willig aus Offenbach[42], die am 1. April 1937 bei der Hebammenversammlung, einer
Pflichtveranstaltung für alle Hebammen, im Mainzer Hof sprach. Durch ihren Sohn Leonardo (1900-1945),
den Reichsgesundheitsführer, war Nanna Conti außerordentlich gut vernetzt und informiert, so dass davon
ausgegangen werden kann, dass sie über das Euthanasie-Programm informiert war. Sie wurde nach 1945
von den Alliierten als nicht belastet eingestuft. Den hippokratischen Eid haben Ärzte, Hebammen und
Pfleger zur Zeit des Nationalsozialismus tausendfach gebrochen.

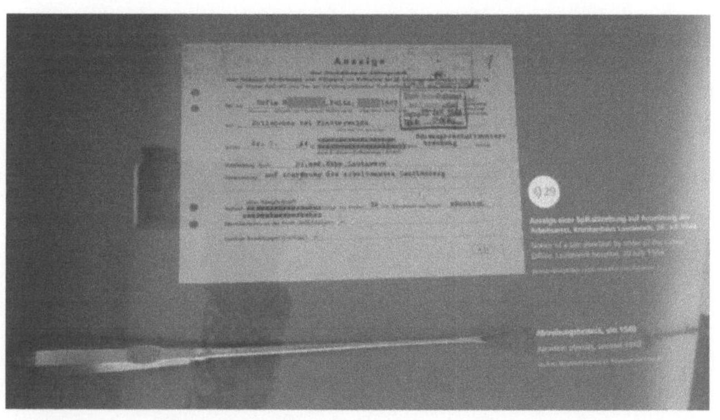

Abb. 26: Abtreibungsbesteck

Besonders dramatisch war in diesen Jahren die
Situation für Zwangsarbeiterinnen und weibliche
KZ-Häftlinge. Wer als Schwangere in ein
Konzentrationslager kam, wurde durch den
Vermerk „SB" (Sonderbehandlung) direkt in die
Gaskammer geschickt. Kam es aber dennoch zu
einer Entbindung, bei der andere Frauen in den
Baracken notdürftig halfen, wurden Mutter und
Kind durch Phenolspritzen getötet; in manchen
Fällen wurden die Neugeborenen auch
erschlagen oder ertränkt – in einem
Wassereimer: „Die in Auschwitz geborenen
Babys hatten nicht einmal die Chance, „Mama" zu sagen."[43] Auch die Kinder von Zwangsarbeiterinnen
hatten, wenn sie denn überhaupt auf die Welt kamen, da Zwangsabtreibungen an der Tagesordnung
waren, wegen der schlechten Ernährung, der harten Arbeit und den katastrophalen hygienischen

---

[39] Wendy Lower: Hitlers Helferinnen. Deutsche Frauen im Holocaust; Bonn 2004, S. 40
[40] G. Aly: Die Belasteten: Euthanasie 1939-1945. Eine Gesellschaftsgeschichte; Frankfurt a.M. 2014
[41] A. K. Peters: Nanna Conti (1881-1951) – Eine Biographie der Reichshebammenführerin; Inauguraldissertation zur
Erlangung des akademischen Grades Doctor rerum medicinae (Dr. rer. med.) der Universitätsmedizin der Ernst-Moritz-
Arndt-Universität Greifswald 2014
[42] Ihre Vorgängerin war Frau Kern. Warum diese nicht übernommen nach dem Machtantritt der Nationalsozialisten
übernommen worden ist, ist unbekannt; s. Peters, ebd. S. 139
[43] A. Meyer, Vergiss deinen Namen nicht. Die Kinder von Auschwitz; Göttingen 2015

Zuständen kaum die Möglichkeit zu überleben: Vier Säuglinge von Zwangsarbeiterinnen, die in und um Alsfeld eingesetzt worden waren, sind auf dem Alsfelder Friedhof bestattet worden, drei polnische und ein russisches. Sie wurden zwischen 5 Tagen und 4 Monaten alt.

Bereits in der Weimarer Republik hatte man mit einer Reform des Hebammenwesens begonnen, die mit der Vereinheitlichung 1934 durch das Reichsministerium des Innern zur Vollendung kam. Das Hebammenwesen, das vorher Ländersache gewesen war, war nun „Reichssache". Mit den neuen Regelungen war eine Verlängerung der Ausbildungszeit auf 18 Monate verbunden sowie eine Reduzierung der Auszubildendenenzahlen, die um 70% gesenkt wurde. Dies sollte der Qualitätssicherung dienen, aber auch ein Grundeinkommen nach der Ausbildung durch weniger „Konkurrenz" sichern. In der Folge sank die Zahl der Hebammen im Deutschen Reich von 25.011 (1934) auf 22.823 (1943).[44]

Das kommt auch in einem Schreiben der vier Alsfelder Ärzte Gleim, Rothschild, Brill und Weber vom 2. Juli 1930 zum Ausdruck, in dem sie den Alsfelder Bürgermeister Dr. Völsing um Entlassung der Hebamme Fuhrmann bitten und stattdessen die Altenburger Hebamme Fröhlich als 2. Hebamme vorschlagen. Wörtlich heißt es in dem Schreiben:

„[...] Die nur wenig beschäftigte junge Hebamme in Altenburg kann ganz gut noch als 2. Hebamme in Alsfeld tätig sein. Da man jetzt den Hebammen größere Bezirke überweist, damit sie genügend beschäftigt sind, so wird sicher das Kreisgesundheitsamt keine Bedenken gegen den Vorschlag haben. In Zeiten des Fernsprechers und des Zweirades kommt die geringe Entfernung von 2 Km. nicht in Betracht."

Tatsächlich trat Frau Fröhlich nicht als 2. Hebamme den Dienst in Alsfeld an, sondern Gertrud Friedrich, geb. Planz. Und so nebenbei erfährt der Leser auch noch etwas über die Kommunikation mit Hebammen, obwohl damals mit Sicherheit die wenigsten Menschen ein Telefon hatten, und über die Fortbewegungsmittel einer Hebamme in den 1930er Jahren.

Die Kosten für eine Ausbildung zur Hebamme in der Hebammenlehranstalt und Frauenklinik zu Mainz mussten, wie aus einer Abschrift aus dem Hessischen Regierungsblatt vom 17. Dezember 1941 hervorgeht, von den Schülerinnen selbst bezahlt werden und beliefen sich bei Hebammenschülerinnen einschl. Unterhaltungskosten (Kost, Wohnung und Wäschereinigung) auf täglich 1,80 RM, für Lehrmittel 15 RM. Die Kleidung und die Hebammenausrüstung waren von der Schülerin zu stellen.

---

[44] Kathrin Kompisch: Täterinnen. Frauen im Nationalsozialismus; Köln 2008², S. 124; nach Peters, ebd. S. 143, praktizierten im Deutschen Reich 1941 23.565 niedergelassene Hebammen, davon 20.257 im „Altreich". Der Reichshebammenschaft waren zudem 1.572 Anstaltshebammen bekannt.

Hebammen in Alsfelder Stadtteilen

1988 erschien mit Reibertenrod der 1. Band der Sammlung „Alsfeld und seine Stadtteile". Es folgten Angenrod, Leusel, Fischbach, Hattendorf, Liederbach, Heidelbach, Altenburg, Elbenrod, Eifa, Schwabenrod/Münch-Leusel und mit Berfa 2007 der vorläufig letzte Band; Billertshausen, Eudorf und Lingelbach stehen noch aus.

Den ausführlichsten Beitrag über Landhebammen in den betreffenden Ortschaften schrieb Kathrin Jacob über Marie Löb in „Schwabenrod/Münch-Leusel". Fotos mit einer Kurzbiografie finden sich in den Bänden über Liederbach, Berfa und Elbenrod. In allen anderen bis jetzt erschienen Büchern (auch weiteren diversen Veröffentlichungen dieser Dörfer) werden Hebammen mit keinem Wort erwähnt.

Stellvertretend für diese nicht erwähnten Frauen im Großteil der Stadtteilbände stehen Maria Weiß für Elbenrod, Maria Katharina Merle, zuständig für Berfa, Lingelbach und Ottrau (früher alle Kreis Ziegenhain, Ottrau heute Schwalm-Eder-Kreis), Anna Hebel für Lingelbach, Marie Pabst aus Liederbach sowie Marie Löb, bis 1940 zuständig für Schwabenrod, Münch-Leusel und Reibertenrod.

Maria Weiß[45]

Die 1872 in Zell geborene Maria Weiß versah von 1895 bis 1940 den dienst als Gemeindehebamme in Elbenrod, also auch 45 Jahre. Verheiratet war sie mit dem Schneidermeister Johann Weiß in Elbenrod.

Maria Katharina Merle[46]

Maria Katharina Merle war von 1905, da war sie wahrscheinlich Mitte Zwanzig, bis mindestens 1935, aus diesem Jahr datiert das Foto, für den Hebammenbezirk Berfa, Lingelbach und Ottrau zuständig. Verheiratet war die Hebamme mit dem Schäfer Heinrich Merle. Ihre Ausbildung hatte sie von 1904 bis 1905 in der für Kurhessen zuständigen Hebammenlehranstalt in Marburg absolviert.

Abb. 27: Maria Katharina Merle

Anna Hebel[47]

Anna Hebel, geb. Schäfer, wurde 1898 geboren. Wahrscheinlich um 1930 heiratete sie, 1935 kam eine Tochter, 1937 ein Sohn zur Welt. Ihr Mann, der ungefähr im gleichen Alter wie Anna Hebel gewesen sein dürfte, war zu Beginn des Zweiten Weltkriegs also mindestens 40 Jahre alt, und damit zu alt für die Wehrmacht. Er gehörte wohl zum „letzten Aufgebot des Führers", dem s.g. „Volkssturm", bei dem 1944/45 Kinder, Jugendliche und ältere Männer noch eingezogen wurden, um die drohende Niederlage aufzuhalten – ein sinnloses und mörderisches Unterfangen, bei dem auch der Ehemann von Anna Hebel 1945 sein Leben lassen musste. Er soll in einem Kriegsgefangenenlager der Alliierten in oder bei Coburg gestorben sein.

Wann Anna Hebel den Entschluss fasste, eine Ausbildung als Hebamme zu machen, ist nicht bekannt. Es ist

---

[45] ebd. Elbenrod; ders., Alsfeld 2000, S. 176

[46] Konrad Kaufmann: „Die Hebamme oder Kingelfrä", in: Alsfeld und seine Stadtteile: Berfa; Hg. Magistrat der Stadt Alsfeld, Alsfeld 2007, S. 38f.

[47] Dank an Marianne Berlau aus Berfa für die Fotos und Informationen.

jedoch anzunehmen, dass sie da noch unverheiratet gewesen ist, da das Durchschnittsalter bei Ende der Ausbildung bei Mitte 20 lag. Demnach begann sie wahrscheinlich nach 1920 ihre viermonatige Ausbildung in Marburg. Nach ihrem Abschluss nahm sie die Tätigkeit als Hebamme in Lingelbach auf, wo zu diesem Zeitpunkt wohl noch Katharina Merle tätig war. Von dieser übernahm Anna Hebel dann offensichtlich auch später das Dorf Berfa.

Bis 1958 übte Anna Hebel ihren Beruf aus. Bereits ein Jahr später, am 22. Juli 1959, starb sie schwer krank.

Abb. 28: Anna Hebel (hintere Reihe, dritte von links) während ihrer Ausbildung in Marburg.

Abb. 29: Anna Hebel in den 1950er Jahren.

Marie Pabst[48]

45 Jahre half die Liederbacher Hebamme Marie Pabst, in Nachfolge der Hebammen Reuker und Stiehler, Neugeborenen auf die Welt. Über 4000 Geburten hat sie betreut. Bei einem schweren Hochwasser Ende der 1940er Jahre ist sie einmal sogar direkt mit einem Pferd von ihrer Haustreppe abgeholt und zu einer hochschwangeren Frau gebracht worden.

Noch 1977 ist sie als Hebamme geführt.

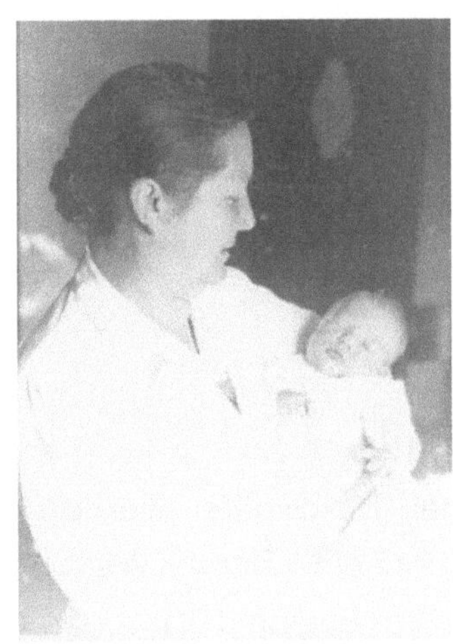

Abb. 30: Marie Pabst

---

[48] ebd. Liederbach; ders., Alsfeld 1994, S. 92

Hebamme Marie Löb[49]

Durch Einsicht der Tagebücher von Marie Löb und Erinnerungen ihrer Enkelin kann die berufliche Tätigkeit von Marie Löb in Ergänzung des Beitrages von Kathrin Jacob spezifiziert und verifiziert werden.

Marie Nahrgang wurde im Kaiserreich am 7. August 1914, eine Woche nach Beginn des Ersten Weltkriegs, in Leusel geboren. Nach ihrer Heirat mit Ernst Ludwig Löb 1933, dem Jahr der Machtübergabe an die Nationalsozialisten, zog sie nach Schwabenrod, wo Tochter Irmgard im selben Jahr zur Welt kam – mit einer Hausgeburt.
1935 beschloss die junge Mutter, eine Ausbildung zur Hebamme in der Hebammenlehranstalt in Mainz zu machen, die sie nach 1,5 Jahren erfolgreich abschloss.[50] Die Ausbildung wurde von den drei Gemeinden Schwabenrod, Münch-Leusel und Reibertenrod bezahlt, was vertraglich 1935 im Gemeinde-Hebammenvertrag festgehalten worden ist. Damit verpflichtete sich Marie Löb aber auch dazu, diesen Dörfern als Hebamme zur Verfügung zu stehen, also nicht woanders hinzugehen. Als sie daher 1940 in Nachfolge der Alsfelder Hebamme Katharina Dietz nach Alsfeld wechselte, stimmten diese drei Gemeinden dem nur zu, wenn sie auch weiterhin für sie als Hebamme zur Verfügung stand.

Ihre erste Hausgeburt führte Marie Löb am 6. Januar 1937 in Reibertenrod durch, insgesamt waren es in diesem Jahr neun Geburten in den drei Dörfern, 1938 waren es drei Geburten in Schwabenrod und vier in Reibertenrod, also sieben, und 1939 drei in Schwabenrod, darunter auch ihre erste Totgeburt, eine in Münch-Leusel, eine in Reibertenrod und eine vertretungsweise in Fischbach, zusammen sechs.
Einen engen Kontakt pflegte Marie Löb besonders mit den Hebammen Pabst aus Liederbach und Birkenstock aus Eifa. Im Laufe ihrer Tätigkeit übernahm sie auch Vertretungen u.a. in Eudorf, Altenburg, Brauerschwend und Hattendorf.

Nach ihrem Wechsel nach Alsfeld, die Stadt half ihr bei der Wohnungssuche[51], führte Marie Löb auch Geburten im Kreiskrankenhaus durch. Hausgeburten und „Anstaltsgeburten" wurden daher in separaten Tagebüchern dokumentiert. 1943 tauchen im Krankenhaus ein Dr. Wagner (auch schon 1942) und Dr. Hans Bergk ab 1944 als zuständige Frauenärzte auf. Darüber hinaus aber auch vereinzelt die Allgemeinärzte und Geburtshelfer Dr. Kröck, Dr. Weber, Dr. Hennighausen und Dr. Brill (alle Alsfeld, 1944-1947). Bei den „Anstaltsgeburten" 1940/41 ist kein Arzt im Tagebuch genannt.

1940 war Marie Löb für elf Hausgeburten zuständig und drei „Anstaltsgeburten", 1941 für 23 Hausgeburten und 15 im Krankenhaus, und 1942 schließlich für 14 Hausgeburten und 42 im Krankenhaus. Der Trend von der Hausgeburt zur Geburt im Krankenhaus wird schon anhand dieser Zahlen deutlich und wird bestätigt durch die des Jahres 1944, wo 52 Kinder im Krankenhaus und nur noch 31 zu Hause zur Welt kamen.
In ihren letzten drei Berufsjahren, 1977 war sie zwar offiziell in Rente gegangen, begleitete aber

---

[49] Dank an Elke Lämmer, der Enkelin von Marie Löb, die auch die Fotos zur Verfügung stellte (Interview am 10.11.2018); s.a. den Beitrag von Kathrin Jacob „Es Ellerche" und ihre Kolleginnen, in: Alsfeld-Schwabenrod/Münch-Leusel; Hg. Magistrat der Stadt Alsfeld, Alsfeld 2004
[50] nicht 3 Jahre, s. Jacob, ebd. S. 384; auch die Aussage, ebd., Marie Löb habe beschlossen, eine Ausbildung zu machen, als ihr Mann als Soldat eingezogen worden sei, ist falsch: 1939, bei Beginn des Zweiten Weltkriegs, war Marie Löb schon zwei Jahre Hebamme. Ebenfalls falsch ist, dass Tochter Irmgard, geboren 1933, bei Ausbruch des Krieges zwei Jahre alt gewesen sei – sie war sechs. Korrigiert werden muss auch die dort angegebene Ausbildungszeit: Es waren zwei Jahre, und nicht drei.
[51] Dokument vom 16. Juli 1940 im Stadtarchiv Alsfeld.

offensichtlich immer noch Schwangere, die sie gut kannte, waren es nur noch Geburten im Krankenhaus:
1977 = 19, 1978 = 13 und 1979 = 3.

Regelmäßig musste auch Marie Löb Fortbildungen für Hebammen in Marburg und Mainz besuchen, die
Tagebücher und ihr Hebammenkoffer wurden in der Regel einmal im Jahr vom zuständigen Amtsarzt
kontrolliert und die Rechnungs- bzw. Kassenbücher vom Kreisamt auf Richtigkeit.
Die 1952 geborene Enkelin von Marie Löb, Elke, hat natürlich als Kind einiges mitbekommen von der
Tätigkeit ihrer Großmutter. So mussten die Kinder immer in die Küche gehen, wenn Schwangere zu ihnen
nach Hause kamen, um mit der Hebamme zu reden.
Als Schülerin gehörte es zu ihren „Aufgaben", die Rechnungen an die Krankenkassen für ihre Großmutter
„vorzuschreiben", da die zuständigen Sachbearbeiter dort kein Sütterlin mehr lesen konnten. Marie Löb
schrieb dann säuberlich von ihrer Enkelin ab und bemerkte dabei mehr als einmal: Du machst aber
komische Buchstaben! Einmal im Monat wurden die Rechnungen für die Krankenkassen und auch die
Privatpatienten geschrieben. Die von den Krankenkassen wurden zeitnah bezahlt, bei den Privatpatienten
musste Frau Löb manchmal jahrelang ihrem Geld „hinterherlaufen", da sind die Kinder, die sie auf die Welt
gebracht hatte, teilweise schon gelaufen! Solch „zahlungsunwillige Kunden" haben die Situation der an sich
schon schlecht bezahlten Tätigkeit der Hebamme bestimmt nicht erleichtert.
Auch hatte die Großmutter eine „schlechte" Telefonnummer. Durch einen Zahlendreher riefen die Leute
oft bei ihr statt bei Taxi-Schack an. Und so sei es nicht selten vorgekommen, dass Betrunkene mitten in der
Nacht bei der Hebamme anriefen, um ein Taxi zu bestellen.

Besonders schöne Momente müssen es für die Hebamme Löb gewesen sein, als sie 1952 ihrer Enkelin Elke
auf die Welt halb, 1973 ihrem Urenkel (beim zweiten half Irma Lißberger) und die Geburt ihrer ersten
Ururenkelin in 1995 noch erleben durfte. Bei der Geburt des zweiten durfte der Vater dabei sein. Bei der
Geburt der Enkelin Elke jedoch, bei der es leichte Komplikationen gegeben hatte, so dass Dr. Bergk
hinzugezogen werden musste, hat dieser dem werdenden Vater den Zutritt ins „Geburtszimmer"
verweigert, indem er sich breit in die Tür stellte.
Noch an eine weitere Begebenheit kann sich die Enkelin erinnern. Ihr Großvater hatte eine seltene
Blutgruppe, so dass er einmal einer Schwangeren Blut spenden konnte.

Gegen Ende ihrer beruflichen Tätigkeit hatte Marie Löb, die auch Bezirkshebamme gewesen war, mit
gesundheitlichen Problemen zu kämpfen. Ein Knöchelbruch hatte sie in den letzten Jahren beruflich stark
eingeschränkt. Als sie ihren Beruf 1979 endgültig „an den Nagel hängte", gab sie ihren Hebammenkoffer
einem jungen Alsfelder Arzt.
Am 1. November 1997 starb sie.

Abb. 31: Marie Löb auf ihrem Motorrad.

Abb. 32: Marie Löb mit Ihrer Enkelin Elke 1952.

Abb. 33: Marie Löb mit ihrem Urenkel 1973.

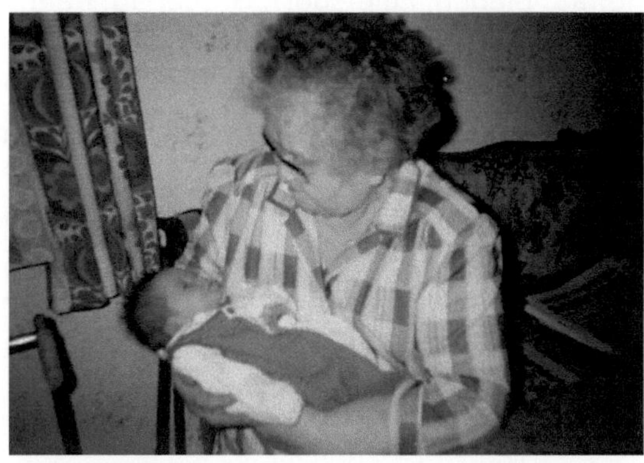

Abb. 34: Marie Löb mit ihrer Ururenkelin 1995.

Hebammen in Gemeinden des ehemaligen Landkreises Alsfeld

Ein kurzer Überblick über das Gebiet des ehemaligen Landkreises Alsfeld soll als Orientierung dienen.

Der Landkreis Alsfeld bestand in seiner letzten Zusammensetzung bis zur Gebietsreform 1972 (einige Gemeinden schlossen sich bereits 1971 zusammen) seit 1938.[52] Die folgende Übersicht listet die Städte und Dörfer auf, die damals zum Landkreis Alsfeld gehörten. Insgesamt waren es 95 Orte.[53] Geordnet sind sie nach den heutigen Städten und Gemeinden des Vogelsbergkreises. Drei Dörfer fielen nach der Gebietsreform dem Landkreis Gießen zu: Lehnheim gehört heute zur Stadt Grünberg, Altenhain und Schmitten zur Stadt Laubach; dafür kamen drei Dörfer des ehemaligen Landkreises Ziegenhain neu zum Vogelsbergkreis und sind heute Stadtteile von Alsfeld: Berfa, Hattendorf und Lingelbach.

Ortsverzeichnis des Altkreises Alsfeld:

Alsfeld: Alsfeld, Altenburg, Angenrod, Billertshausen, Eifa, Elbenrod, Eudorf, Fischbach, Heidelbach, Leusel, Liederbach, Münch-Leusel, Reibertenrod, Schwabenrod; Berfa, Hattendorf und Lingelbach erst nach 1972

Antrifttal: Bernsburg, Ohmes, Ruhlkirchen, Seibelsdorf, Vockenrod

Feldatal: Ermenrod, Groß-Felda (mit Klein-Felda und Schellnhausen), Kestrich, Köddingen, Stumpertenrod, Windhausen, Zeilbach

Gemünden: Burg-Gemünden, Ehringshausen, Elpenrod, Hainbach, Nieder-Gemünden, Otterbach, Rülfenrod

Grebenau: Bieben, Eulersdorf, Grebenau, Reimenrod, Schwarz, Udenhausen, Wallersdorf

Homberg: Appenrod, Bleidenrod, Büßfeld, Dannenrod, Deckenbach, Erbenhausen, Gontershausen, Haarhausen, Höingen, Homberg, Maulbach, Nieder-Ofleiden, Ober-Ofleiden, Schadenbach

Kirtorf: Arnshain, Gleimenhain, Heimertshausen, Kirtorf, Lehrbach, Ober-Gleen, Wahlen

Mücke: Atzenhain, Bernsfeld, Flensungen, Groß-Eichen, Höckersdorf, Ilsdorf, Merlau, Nieder-Ohmen (mit Kirschgarten), Ober-Ohmen, Ruppertenrod, Sellnrod, Wettsaasen; nicht mehr dazugehörig: Lehnheim und Schmitten

Romrod: Nieder-Breidenbach, Ober-Breidenbach, Romrod, Strebendorf, Zell

Schwalmtal: Brauerschwend, Hergersdorf, Hopfgarten, Ober-Sorg, Rainrod, Renzendorf, Storndorf, Unter-Sorg, Vadenrod

Ulrichstein: Bobenhausen II, Helpershain, Ober-Seibertenrod, Ulrichstein, Unter-Seibertenrod, Wohnfeld; die Stadt Ulrichstein selbst gehörte damals zum Landkreis Lauterbach; nicht mehr dazugehörig: Altenhain

Nur exemplarisch können einige Hebammen aus den ehemaligen Kreisgemeinden hier vorgestellt werden. Ausführlicher wird auf die Städte Grebenau, Homberg, Kirtorf und Romrod sowie die Gemeinde Feldatal eingegangen. Durch die vollständig erhaltenen Tagebücher und Rechnungs-/Kassenbücher der Hebamme Berta Hamel aus Strebendorf (Stadt Romrod) wird dieses Kapitel am ausführlichsten behandelt werden.

---

[52] Herbert Jäkel: Zur Geschichte, in: Der Kreis Alsfeld; Hg. Landrat Georg Kratz, Stuttgart und Aalen 1972, S. 70f.
[53] Nicht 97, s. Jäkel, ebd. S. 70

1965 schreibt der ehemalige Kreisamtsarzt Dr. Dieter Saalmann[54]: „Heute sind im Kreis Alsfeld in den verschiedenen Gemeinden vierzehn Hebammen tätig[55]. Im Jahre 1964 betreuten sie über zweihundert Mütter bei Hausentbindungen, über fünfhundert bei Geburten im Kreiskrankenhaus." Allein auf Berta Hamel entfielen von den über 200 Hausentbindungen schon 39. Auch hier wird schon die Tendenz zur Entbindung im Krankenhaus deutlich.

Vergleicht man die von Saalmann genannte Zahl von 14 Hebammen für das Jahr 1964 mit der Auflistung im Kreis-Adreßbuch Alsfeld von 1950, kann man schon den Trend erkennen, dass es immer weniger Landhebammen gab. Dort sind immerhin noch 27 Frauen aufgelistet. Dies bedeutete einen Rückgang um fast die Hälfte innerhalb von 15 Jahren!

Folgende Hebammen werden dort für 1950 genannt:

Alsfeld:	Marie Löb
Altenhain:	Anna Fischer
Appenrod:	Regina Nau
Arnshain:	Luise Fischer
Bernsfeld:	Tilly Lösch[56]
Brauerschwend:	Anna Rühl
Deckenbach:	Luise Braun
Ehringshausen:	Hedwig Breitel
Eifa:	Anna Birkenstock
Grebenau:	Gerda Blum
Groß-Eichen:	Katharina Tröller
Homberg:	Luise Hofmann
Hopfgarten:	Katharina Reibeling
Kirtorf:	Sophie Ehrhardt
Köddingen:	Emilie Schmidt
Leusel:	Lina Zulauf
Liederbach:	Marie Pabst
Merlau:	Emilie Hemmerich
Nieder-Ofleiden:	Luise Röcker
Nieder-Ohmen:	Marie Börger
Ober-Gleen:	Johanna Brettschneider[57]
Ober-Seibertenrod:	Emma Dietz
Rainrod:	Marie Klee
Ruppertenrod:	Lina Döller
Storndorf:	Katharina Herber[58]
Strebendorf:	Bertha Hamel[59]
Stumpertenrod:	Anna Horst

In Kasper's Einwohner-Adressbuch Vogelsbergkreis 1977 hat sich die Zahl der Landhebammen im ehemaligen Kreis Alsfeld dann auf elf reduziert:

---

[54] Dieter Saalmann: Über das Gesundheitswesen, in: Landkreis Alsfeld. Monographie einer Landschaft; hrsg. von Mushakesche Verlagsanstalt, Trautheim über Darmstadt, 1965, S. 161ff.

[55] Offensichtlich beinhaltet die Zahl 14 auch die an Krankenhäusern beschäftigten Hebammen.

[56] Sie war später in Burg-Gemünden tätig.

[57] Sie war später in Grebenau als Hebamme tätig.

[58] Ab 1957 war Berta Hamel für Storndorf und Vadenrod zuständig.

[59] In den Unterlagen tauchen zwei Schreibvarianten des Vornamens auf: Berta und Bertha.

Alsfeld:	Marie Löb
	Marie Pabst, Liederbach
Gemünden:	Tilly Lösch, Burg-Gemünden
Grebenau:	Johanna Brettschneider
Homberg:	Gertrud Hauffe
	Luise Röcker, Nieder-Ofleiden
Kirtorf:	Sophie Ehrhardt
Mücke:	Minna Schumann, Höckersdorf
Romrod:	Berta Hamel, Strebendorf
Schwalmtal:	Marie Klee, Rainrod
	Anna Rühl, Brauerschwend

Schaut man sich diese Eintragungen aus dem Jahr 1977 jedoch genauer an, sind sie wenig realistisch, wie einige Beispiele zeigen.

Marie Löb beispielsweise wurde 1914 geboren und ging 1977 nach 42 Jahren in Rente. Berta Hamel, geb. 1914, beendete 1978 ihre Tätigkeit nach 38 Jahren, Sophie Ehrhardt begann 1927 als Hebamme und hörte bereits 1973 auf, nach 46 Jahren. Es waren also schon 1977 weniger als elf Landhebammen im Kreis tätig.[60]

Die Hebammen gingen regulär mit 63, 64 oder 65 Jahren in Rente. Ihre Ausbildung begannen sie in der Regel nach dem 21. Lebensjahr, die Ausbildungszeit dauerte durchschnittlich 1,5 Jahre, so dass die jungen Frauen mit ca. Mitte 20 als Hebammen zu arbeiten anfingen. Nach rund 40 Berufsjahren gingen sie in den Ruhestand, wie die meisten Berufstätigen auch.

Das Besondere an den Hebammen in der Auflistung aus dem Jahr 1977 ist, dass viele von ihnen ihre Ausbildung vor oder während des Zweiten Weltkriegs begonnen hatten, einer Zeit also, in der eine Berufsausbildung von Frauen noch eher nicht üblich war – und das auf dem Land.

Die Landhebammen waren ab ca. 1940, neben ihrem Wohnort, für mehrere Dörfer, also einen Bezirk zuständig. Exemplarisch sollen hier einige beschrieben werden.

Anna Horst[61] aus Stumpertenrod begann 1934 ihre Tätigkeit als Hebamme in ihrem Heimatort. Ihre Vorgängerin Anna Maria Rausch hatte wohl altersbedingt 1933 nach 54 Jahren aufgehört. 1940 kam Zeilbach hinzu, das bis dahin (seit 1904) von Emma Schnell betreut worden war, die seit 1904 für Ermenrod und Zeilbach zuständig gewesen war. Ein Jahr später übernahm Anna Horst dann auch Ermenrod und von Marie Wahl aus Groß-Felda noch zusätzlich Kestrich. 1943 hörte die Hebamme Emilie Schmidt nach 17 Jahren in Köddingen auf, so dass nun auch dieses Dorf zum Bezirk von Anna Horst dazugehörte. 1944 schließlich beendete Marie Wahl auch nach 22 Jahren ihre Tätigkeit in Groß-Felda und übergab ihn an Anna Horst. Zur Veranschaulichung noch einmal die folgende Übersicht:

Stumpertenrod	bis 1933	Anna Maria Rausch	ab 1934	Anna Horst
Zeilbach	bis 1940	Emma Schnell	ab 1940	Anna Horst
Ermenrod	bis 1940	Emma Schnell	ab 1941	Anna Horst
Kestrich	bis 1940	Marie Wahl	ab 1941	Anna Horst
Köddingen	bis 1943	Emilie Schmidt	ab 1944	Anna Horst

---

[60] Die Zahl der Landhebammen, die für Hausgeburten zuständig waren, also nicht in einem Krankenhaus arbeiteten, hat sich dann im Laufe der nächsten Jahre weiter reduziert. In den „Gelben Seiten" von 2018 sind für den ehemaligen Kreis Alsfeld nur noch fünf Frauen aufgeführt – und ihre Zahl dürfte in Zukunft noch weniger werden.
[61] s. Heimatbuch Feldatatal, 2. Auflage 2011, S. 907f. (mit Abb.)

Groß-Felda   bis 1945   Marie Wahl   ab 1946   Anna Horst

In Windhausen trat die Strebendorfer Hebamme Berta Hamel 1954[62] die Nachfolge von Frau Steuernagel an.

Von 1944 bis zu ihrer Rente 1973 betreute Anna Horst nun 29 Jahre lang fast die gesamte heutige Gemeinde Feldatal, mit Ausnahme von Windhausen. Im Laufe der Jahre hatte sich also der Bezirk von Anna Horst stetig vergrößert. Sie übernahm nach und nach die Orte von Hebammen, die aufgehört hatten.

Um sich eine Vorstellung davon machen zu können, was dies für Anna Horst an Fahrleistung bedeutete, bei Wind und Wetter, jeder Jahreszeit und 24 Stunden Bereitschaftsdienst, sollen folgende Zahlen verdeutlichen:

Das heutige Feldatal (mit Windhausen) hat eine Fläche von fast 51 km²[63]. Anna Horst wohnte in Stumpertenrod. Die Entfernungen zu den von ihre betreuten Dörfern waren:

bis Ermenrod	ca. 8 km,
bis Groß-Felda	ca. 5 km,
bis Kestrich	ca. 4,5 km,
bis Köddingen	ca. 5 km,
bis Zeilbach	ca. 7 km und
bis Schellnhausen (zu Groß-Felda gehörig)	ca. 11 km.

Alle Strecken verstehen sich natürlich Hin und Zurück.

Setzt man voraus, dass einige Straßen 1946 bzw. früher noch nicht vorhanden waren bzw. in einem wesentlich schlechteren Zustand als heute und mit großer Wahrscheinlichkeit auch Feldwege als Abkürzung benutzt worden sind, und Anna Horst anfangs, wie viele ihrer Berufskolleginnen in dieser Zeit auch, mit dem Fahrrad unterwegs war, dann kann man annähernd ermessen, was diese Hebamme geleistet hat, zumal es bei ihr mit Sicherheit auch vorkam, dass sie mehrere Wöchnerinnen gleichzeitig zu betreuen hatte, denn die Zeit bis zur Geburt bzw. die Nachsorge nach der Geburt gehörten zu ihrem Job dazu, ebenso Vertretungen in anderen Dörfern in anderen Bezirken.

Fast harmlos mutet dagegen der Bezirk von Marie Löb an, die von 1935 bis 1940 die Dörfer Schwabenrod, wo sie wohnte, sowie Münch-Leusel und Reibertenrod betreute: Zwischen zwei und vier Kilometer betrug eine Strecke maximal. Auch nach ihrem Wechsel nach Alsfeld waren die Entfernungen moderat.

Beträchtliche Entfernungen hatte auch Gertrud Hauffe aus Homberg in ihrem Bezirk zurückzulegen:

bis Büßfeld	ca. 5 km,
bis Deckenbach	ca. 6 km,
bis Höingen	ca. 8 km und
bis Schadenbach	ca. 7 km.

Einen recht großen Bezirk hatte Berta Hamel aus Strebendorf, die neben Romrod und seinen Stadtteilen auch noch seit 1954 Windhausen im heutigen Feldatal sowie ab 1957 Storndorf und Vadenrod in der heutigen Gemeinde Schwalmtal betreute:

bis Nieder-Breidenbach	ca. 3 km,
bis Ober-Breidenbach	ca. 1,5 km,
bis Romrod	ca. 4 km,
bis Zell	ca. 7 km,

---

[62] nicht 1941; ebd. S. 908
[63] s. Wikipedia unter Feldatal, abgerufen am 26.10.2018

bis Windhausen	ca. 5,5 km,
bis Storndorf	ca. 5 km und
bis Vadenrod	ca. 4 km.

Es zeigte sich, dass alle Hebammen, die hier näher beschrieben werden, im Laufe ihrer oft jahrzehntelangen Tätigkeit immer mehr Dörfer, die vorher eine eigene Hebamme hatten, dazu bekamen, wenn die dortige Hebamme in den Ruhestand ging oder aus anderen Gründen ihren Beruf aufgab. Die Zahl der Hebammen hat also respektive seit Beginn des 20. Jahrhunderts kontinuierlich abgenommen, was eine unmittelbare Folge der bereits beschriebenen Reformen des Hebammenwesens war.

Abb. 35: Karte zur Errechnung des Geburtstermins im Dorfmuseum Oberrsophe.

Doch wie erfuhr die Hebamme von einer bevorstehenden Geburt, vor allem in Zeiten, in denen kaum ein privater Haushalt Telefon hatte? Dann ging man zur örtlichen Poststelle oder Nachbarn, die ein Telefon hatten. Den ungefähren Termin rechnete sich die Hebamme durch vorherige Besuche aus bzw. nach Absprache mit dem Hausarzt, und wenn es so weit war, wurde sie nicht selten von den werdenden Vätern geholt. Dann konnte man eigentlich nur noch hoffen, dass die Hebamme auch da war und nicht gerade bei einer anderen Geburt benötigt wurde, wie bei der Feldataler Wöchnerin passiert. In einem Hebammenkoffer, der ein beträchtliches Gewicht hatte, führte die Hebamme alle benötigten Gerätschaften und Arzneimittel mit sich. Noch bis ins 19. Jh. hinein gehörte zu den Gerätschaften einer Hebamme ein Gebärstuhl.

Wie es bei einer Hausgeburt auf dem Lande im Zimmer einer Gebärenden ausgesehen haben könnte, zeigte das sehr anschaulich und liebevoll gestaltete „Geburtszimmer" im Dorfmuseum Oberrosphe „Der alte Forsthof" bei Wetter im Landkreis Marburg-Biedenkopf. Dort wurde auch von alten Sitten und Bräuchen erzählt, zum Beispiel, wie eine Geburt eingeleitet werden kann: durch das Auskehren oder Putzen der Stube oder durch das Hinunterhüpfen einer Treppe.[64] Leider ist dieses Museum im Sommer 2016 abgebrannt.

Abb. 36: Hebammenkoffer von Gertrud Hauffe.

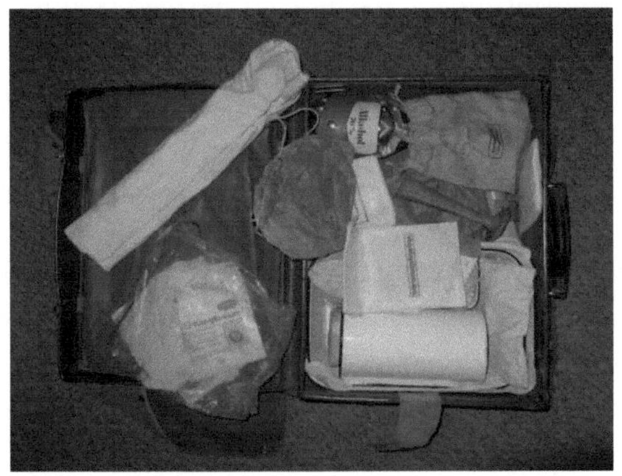

Abb. 37: Inhalt des Hebammenkoffers von Gertrud Hauffe.

---

[64] Ich danke dem Heimat- und Verschönerungsverein e.V. Oberrosphe, dem Träger des Dorfmuseums, für die Genehmigung zur Veröffentlichung von Fotos und für Auskünfte, besonders Brigitte Stuhl.

Feldatal

Außergewöhnlich gut sind Namen und Daten der im Feldatal seit dem 18. Jahrhundert tätigen Hebammen im über 1100 Seiten dicken Heimatbuch Feldatal[65] zusammengestellt. Anhand dieser Angaben kann besonders gut dargestellt werden, wie sich die Zuständigkeitsbereiche in den 1940er Jahren veränderten. Bis dahin hatte fast jedes Dorf noch eine eigene Hebamme. Schieden die Hebammen also altersbedingt bzw. aus anderen Gründen aus dem Berufsleben aus, kam Ort für Ort zum Bezirk der Stumpertenröder Hebamme Anna Horst hinzu, so dass sie ab 1946 fast das ganze Feldatal betreute (mit Ausnahme von Windhausen).

Darüber hinaus könnte auch die Annahme, dass der Beruf der Hebamme innerhalb von Familien „weitergegeben" worden war, im Feldatal bestärkt werden. In Groß-Felda waren von 1780 bis 1923 drei Frauen namens Eißfeller als Hebammen tätig, in Köddingen von 1806 bis 1888 zwei Anna Margrete bzw. Margaretha Stein und von 1780 bis 1878 zwei Frauen mit dem Nachnamen Momberger, davon die erste von 1780 bis 1832, also 52 Jahre! Ob bei diesen Fällen jedoch wirklich Verwandtschaftsverhältnisse bestehen, muss offen bleiben und bedarf einer näheren Untersuchung.

Wie eine Wöchnerin eine Hausgeburt Ende der 1940er Jahre auf dem Land erlebte, soll im Folgenden erzählt werden.

Eine Feldataler Wöchnerin erzählt[66]

Der Krieg war vorbei. Die Amerikaner als eine der vier Besatzungsmächte hatten sich im Feldatal einquartiert. Männer, die nicht gefallen waren, kehrten im Laufe der nächsten Jahre nach Hause zurück, Zwangsarbeiter waren befreit, Flüchtlinge und Vertriebene mussten untergebracht und versorgt werden. Die Versorgungslage war schlecht, aber in den ländlich geprägten Gebieten wie dem Feldatal, wo die Bewohner, die nicht Vollerwerbslandwirte waren, neben einem Beruf auch noch eine kleine Landwirtschaft betrieben, seien es auch nur ein paar Kühe, Schweine oder Hühner und etwas Land, kam man noch besser über die Runden als in den Städten, vor allem, wenn diese ausgebombt waren. Arbeit gab es wenig bis keine, das Geld war knapp.

Doch auch in diesen Zeiten der Not verliebten sich junge Menschen, so auch die 20-jährige Feldatalerin. Ihr Freund hatte gerade die Gesellenprüfung bestanden gehabt, als sie 1948 schwanger wurde. Die Eltern trugen die Nachricht, dass bald auch noch ein Baby im Haus, in dem bereits drei Generationen wohnten, zusätzlich versorgt werden musste, mit Fassung. Sobald die Schwangerschaft sichtbar wurde, wurde der Stumpertenröder Hebamme Anna Horst, die für fast das ganze Feldatal zuständig war (mit Ausnahme von Windhausen), Bescheid gesagt. Nach einer kurzen Untersuchung kam sie zum Ergebnis, dass alles in Ordnung sei. Bis sechs Wochen vor der Geburt gab es dann keinen Kontakt mehr zu ihr.

---

[65] Heimatbuch Feldatal, Hg. Gemeinde Feldatal, 2. Aufl. 2011, S. 907ff.
[66] Interview geführt am 31.10.2018

Erst durch den ortsansässigen Landarzt Dr. Paul Schuldt wurde die junge Frau „aufgeklärt. Er erklärte ihr, was während der Schwangerschaft geschah und was während der Geburt.[67] Darüber war sie sehr erleichtert. Eine Entbindung im Krankenhaus war damals absolut unüblich, nur bei großen Komplikationen wurde eine Schwangere dorthin überwiesen. Auch für die Feldatalerin kam sie nicht in Frage.

Sechs Wochen vor dem errechneten Geburtstermin ging es dann wieder zum Arzt wegen des Wochenbettpaketes, das anschließend in der Apotheke abgeholt werden musste. Dann endlich war es so weit: Die Wehen setzten ein und die Hebamme wurde persönlich informiert, der Hebammenkoffer musste bei der Bürgermeisterei abgeholt werden. Diese Praxis ist in allen anderen untersuchten Städten und Gemeinden nicht üblich gewesen. Zu Hause wurde eine Hälfte des Ehebettes vom Schlafzimmer in die „gut Stubb" getragen, da diese beheizt war. Nach dem Eintreffen der Hebamme musste sich die junge Frau ausziehen und Anna Horst tastete sie ab, um zu prüfen, ob auch alles in Ordnung ist und das Kind zu Hause zur Welt kommen konnte. Während der Geburt selbst war die Mutter der Feldatalerin nicht dabei, weil sie es nicht konnte, obwohl sie während des Krieges einen 1.-Hilfe-Geburtslehrgang in Gießen absolviert hatte. Stattdessen stand die Schwester der Schwangeren in diesen Stunden zur Seite, die bereits zwei Kinder hatte, also über etwas Erfahrung verfügte. Als diese meinte, es sei bald so weit, erwiderte Anna Horst trocken: Das kommt noch net, die lacht ja noch! Und in der Tat, so war es: Im Laufe der Nacht kam dann die Tochter zur Welt. Bei der jungen Mutter löste es sowohl bei dieser als auch den noch folgenden Geburten ein tiefes Gefühl aus, als das Kind da war: Da ist einem der Herrgott am nächsten! Wegen eines Dammrisses musste dann jedoch noch Dr. Schuldt geholt werden, der ihn nähte – ohne Narkose! Für die Wöchnerin war dieser Eingriff schmerzhafter als die eigentliche Geburt.
Nachdem alles gut überstanden war, Mutter und Kind wohlauf und versorgt, setzten sich die restlichen Familienmitglieder, der Arzt und die Hebamme zum Frühstück zusammen, das die Mutter der Wöchnerin inzwischen vorbereitet hatte. Ein schöner Moment für alle.

Die Hebamme Anna Horst kam dann noch bis neun Tage nach der Geburt, versorgte das Kind und den vernähten Dammriss der Mutter.
Die Geburt war zwar reibungslos verlaufen, aber das Stillen des Kindes bereitete der Wöchnerin durch entzündete Brustwarzen große Schmerzen. Die Pfarrersfrau empfahl ihr daraufhin eine Salbe des ortsansässigen Apothekers, die half.

Problematisch war es für einige Familien, die Nachwuchs erwarteten, die Kosten für eine Entbindung aufzubringen, wenn sie nicht krankenversichert waren. Eine Geburt kostete in den ersten Nachkriegsjahren durchschnittlich 20 bis 60 RM, nach der Währungsreform 1948 32 bis 60 DM. Um die Rechnung bezahlen zu können, musste manchmal auch eine Kuh verkauft werden.

Auch das zweite Kind kam ohne Probleme zur Welt, beim dritten allerdings gab es ein kleines Problem. Als der Vater den Hebammenkoffer auf der Bürgermeisterei holen wollte, war dieser nicht da und er erfuhr, dass die Hebamme gerade bei einer anderen Geburt in einem Nachbardorf sei. Also fuhr der werdende Vater dorthin, um Anna Horst Bescheid zu sagen, dass es auch bald bei seiner Frau so weit sei. Die Hebamme kam kurz vorbei, musste aber zur anderen Gebärenden zurück. In ihrer Not wand sich die Familie

---

[67] Offensichtlich war das im „Dritten Reich" weit verbreitete Buch von Johanna Haarer „Die deutsche Mutter und ihr erstes Kind", das eng an die nationalsozialistische Ideologie angelehnt war, auf dem Land nicht so bekannt, obwohl das erstmals 1934 erschienene Buch (1996 erschien die letzte „völlig neubearbeitete und erweiterte Auflage"!) zum Standardwerk deutscher Kinderpflege und Erziehung avancierte und Schwangere auf die Geburt vorbereitete, da es auch Grundlage in Mütterschulungskursen war. Auf dem Land, so bestätigt die Wöchnerin, war alles etwas einfacher – die Erfahrung zählte; s.u.a. Wikipedia „Johanna Haarer", abgerufen am 22.11.2018; Ute Benz (Hg.): Frauen im Nationalsozialismus, München 1993, S. 175

an die „alte Hebamme" Marie Wahl, die Vorgängerin von Anna Horst. Die hatte zwar keinen Koffer mehr, aber ein paar Handtücher und heißes Wasser taten es letztendlich auch. Nach zwei Mädchen war nun endlich ein Junge da, was Marie Wahl entzückte und ausrufen ließ: Lieber Gott, es is ja en Jung!

Nach der Geburt des vierten Kindes schließlich, wiederum ein Junge, bekam der Vater der nun vierfachen Mutter es mit der Angst zu tun und meinte zur Hebamme Anna Horst: Anna, hoffentlich ist das das Letzte! Worauf diese konterte: Es hat kein Zettel angehabt! Aber es blieb bei den vier Kindern.

Anna Horst war in den ersten Jahren ihrer Hebammentätigkeit mit einem Leichtkraftrad, also einem Fahrrad mit Motor unterwegs, später schaffte sie sich ein Moped an und zum Schluss schließlich ein Auto. Sie genoss auch bei der Feldatalerin hohes Ansehen, nicht nur wegen dem, was sie als Hebamme leistete, sondern auch, dass sie als junge Frau für ihre Ausbildung die Heimat verließ – nicht selbstverständlich.

Grebenau

Stellvertretend für alle im Gründchen wirkenden Hebammen sollen hier zwei Frauen näher vorgestellt werden: Marie Elisabeth Ochs war in der ersten Hälfte des 20. Jahrhunderts tätig und Johanna Brettschneider in der zweiten Hälfte. Beide Frauenschicksale waren durch Kriege geprägt, den Ersten und Zweiten Weltkrieg.

Hebamme Marie Ochs[68]

Geboren wurde Marie Elisabetha Hederich 1882 als eines von neun Kindern eines Wagners und seiner Frau in Eulersdorf. Nach der Schule verdingte sie sich als Hausmädchen bei einem Lehrer, bevor sie von 1899 bis 1903 als Dienstmagd beim Revierförster auf Burg Herzberg arbeitete. Den Weg dorthin bewältigte sie zu Fuß!
1904 heiratete Marie Johannes Ochs. 1905 kam Sohn Wilhelm zur Welt, 1910 Sohn Emil. In dieser Zeit scheint Marie „nur" Hausfrau, Ehefrau und Mutter gewesen zu sein. Vermutlich ein Jahr nach der Geburt des zweiten Kindes begann Marie ihre viermonatige Ausbildung als Hebamme in der Hebammenlehranstalt in Mainz. Da war sie bereits 29 Jahre alt – im Vergleich zu vielen anderen Hebammen verhältnismäßig spät. Interessant wäre es zu erfahren, was Marie Ochs dazu bewogen hat, diesen Schritt zu tun. Es ist nicht bekannt, ob es eine Familientradition gegeben hat, bei der der Beruf der Hebamme weitergegeben worden wäre, von der Mutter an die Tochter, der Großmutter an die Enkelin oder der Schwiegermutter an die Schwiegertochter. Vielleicht war es der Umstand, dass die bisherige Hebamme in den Ruhestand gegangen oder verstorben war und die Stadt Grebenau dringend eine Nachfolgerin brauchte. Es war jedenfalls ein großer Einschnitt im Leben von Marie Ochs. Mit Sicherheit wohnte die angehende Hebamme auch während ihrer Ausbildung in Mainz. Daher mussten ihr Mann und ihre beiden Söhne alleine zurechtkommen, wahrscheinlich aber von der Familie unterstützt.
Nach dem erfolgreichen Abschluss ihrer Ausbildung kehrte Marie Ochs nach Grebenau zurück und trat ihren Dienst als Gemeindehebamme an. Es ist relativ unwahrscheinlich, dass sie über Grebenau hinaus noch Dörfer im Umfeld betreute, höchstens vertretungsweise.

---

[68] Dank an Annemarie und Margit Ochs für die Informationen und Fotos zum Leben von Marie Ochs.

1914 begann der Erste Weltkrieg, der wieder einen tiefen Einschnitt im Leben der Familie Ochs bedeutete. Johannes Ochs wurde eingezogen und fiel zwei Jahre später in Frankreich. Nun stand Marie Ochs alleine mit zwei Kindern da und musste für den Lebensunterhalt sorgen. Wie alle ihre Berufsgenossinnen meisterte sie diese schwere Zeit, brachte Beruf und Familie „unter einen Hut".

Wie tatkräftig und stark Marie Ochs war, zeigt auch, dass sie 1929 alleine ein Haus in Grebenau baute, im Jahr der Weltwirtschaftskrise! Es soll das erste Haus mit Bad in dem Städtchen gewesen sein. Ihre Nachfahren leben noch heute dort. Ein Auto oder Motorrad war in der ersten Hälfte des 20. Jahrhunderts auf dem Land noch Luxus. Die Wege zu den Schwangeren und Wöchnerinnen bewältigte sie vermutlich zu Fuß oder vielleicht auch mit einem Fahrrad. Wie viele Geburten Marie Ochs im Laufe ihrer Tätigkeit betreut hat, ist wegen der fehlenden Tagebücher nicht feststellbar, aber einige hundert dürften es gewesen sein, darunter auch Zwillingsgeburten und Geburten in der ehemals so großen Grebenauer jüdischen Gemeinde. 1939 musste die Grebenauer Hebamme dann auch noch den Beginn des Zweiten Weltkriegs miterleben, der gegen Ende mit Sicherheit beruflich ähnlich schwierig für sie gewesen sein dürfte, wie für Berta Hamel

Mit 63 Jahren beendete Marie Ochs 1946 ihre berufliche Laufbahn als Hebamme. Drei Jahre später starb sie mit 67 Jahren an den Folgen einer Operation. Ihre Nachfolgerin wurde Gerda Blum.

Hebamme Johanna Brettschneider

Die Grebenauer Hebamme Johanna Brettschneider war nach dem Krieg aus dem Sudetenland vertrieben worden. In Ober-Gleen, einem Stadtteil von Kirtorf, trat sie 1947 die Nachfolge der Langjährigen dortigen Hebamme Marie Ruppenthal (1901-1989) an. Gemeinsam mit der Kindergärtnerin wohnte sie in einem Haus der Gemeinde oberhalb der alten Schule (heute Mehrgenerationenhaus).[69] Um 1950 wechselte Frau Brettschneider nach Grebenau, wo sie die Nachfolge der dortigen Hebamme Gerda Blum antrat.
Johanna Brettschneider war die einzige Hebamme im Altkreis Alsfeld, die während ihrer Arbeit eine Schwesterntracht trug, weshalb sie dort nur „Schwester Johanna" gerufen wurde. Eine Schwesterntracht war unüblich unter Hebammen. Schwester Johanna gehörte jedoch dem Agnes-Karll-Verband an.
Agnes Karll (1887-1927) war eine deutsche Krankenschwester und Reformerin der deutschen Krankenpflege, die 1903 die Berufsorganisation der Krankenpflegerinnen Deutschlands sowie der Säuglings- und Wohlfahrtspflegerinnen gründete, der 1938 im „Dritten Reich" aufgelöst und nach dem Zweiten Weltkrieg neu gegründet wurde.
Johanna Brettschneider war eine geachtete und bekannte Persönlichkeit im Gründchen, die auch gerne an Familienfeiern, wie beispielsweise Taufen der Kinder, die sie auf die Welt geholt hatte, teilnahm.[70] Die unverheiratete Hebamme nahm, so erzählt man sich noch heute im Gründchen, die Nachsorge sehr ernst, was zwar alle Hebammen taten, doch bei Schwester Johanna dauerten wohl die Besuchszeiten öfter außergewöhnlich lange, so dass es den Wöchnerinnen und deren Familien teilweise etwas zu lang war, und nur dezente Hinweise, man wolle ins Bett gehen, der Hebamme signalisierten, dass es Zeit war, selbst nach Hause zu gehen.
Bis Ende der 1970er Jahre versah Schwester Johanna ihren Dienst in Grebenau und Umgebung. Sie war die letzte Gemeindehebamme dort.

---

[69] s. Monika Felsing: Ober-Gleen, Bd. 2: Naut wie Ärwed; Norderstedt 2013, S. 212
[70] s.u.a. Felsing, ebd.

Abb. 39: Marie Ochs

Abb. 40: Marie Ochs (rechts) 1911 während ihrer Ausbildung in Mainz.

Abb. 41: Marie Ochs in den 1940er Jahren mit Zwillingen.

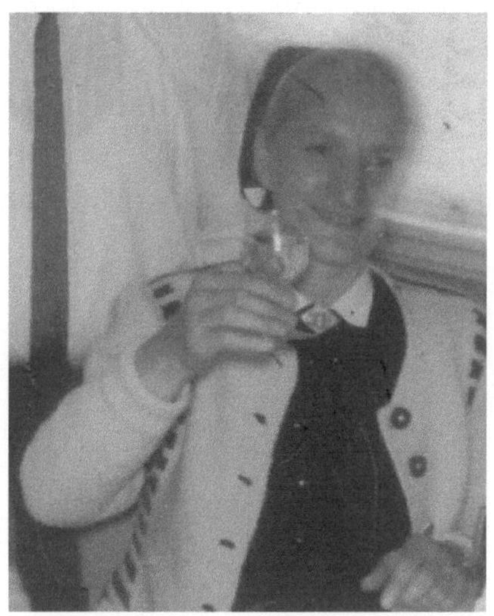

Abb. 42: Johanna Brettschneider bei einer Tauffeier in den 1960er Jahren (Ausschnitt).

Homberg/Ohm

Die Stadt Homberg an der Ohm liegt mit ihren Stadtteilen am Westen des ehemaligen Landkreises Alsfeld und grenzt unmittelbar an den vormaligen Landkreis Marburg. Höingen ist das westlichste Dorf des Altkreises und des heutigen Vogelsbergkreises und gehörte zum Bezirk der Hebamme Gertrud Hauffe. Für die langjährige Homberger Hebamme wäre eine Ausbildung in Marburg wesentlich einfacher gewesen, so musste sie wegen ihres Alters nach Wuppertal, was im Nachhinein für sie gut war.

Kurt Linker[71] hat in seinem Buch über das etwas abgelegene Dorf Schadenbach auch ein Kapitel den Themen Geburt und Tod gewidmet. So kann man dort über die Taufe eines Neugeborenen am Sarg seiner Mutter lesen, die bei der Geburt verstorben war. Auch die Beobachtung, dass bis ins 19. Jahrhundert hinein in den Kirchenbüchern bei den Vätern immer der Beruf angegeben wurde, bei den Frauen jedoch nur „Hebamme" als Berufsbezeichnung auftaucht, ist interessant. Schaut man sich dazu im Vergleich die Tagebücher von Berta Hamel an (Tabelle 7), so hat sich offensichtlich daran bis in die 1970er Jahre wenig geändert: Lediglich sechs Mal ist dort bei Frauen ein Beruf angegeben (1 x Stenotypistin, 2 x Haustochter, 1 x Hausangestellte, 1 x Hausgehilfin). Bei den Männern hingegen ist in der Regel ein Beruf eingetragen. Der „Stand" der Frauen ist überwiegend „Ehefrau". Dass so wenige Frauen von 1940 bis 1978 „o.B." (ohne Beruf) waren, wie es im „Adreßbuch Alsfeld" von 1935/36 notiert ist, ist relativ unwahrscheinlich.
Eine weitere Bemerkung Linkers lässt aufhorchen. Mitte des 19. Jahrhunderts seien uneheliche Geburten, auch in Schadenbach, recht häufig gewesen. Dies wird bestätigt durch die Statistik von 1835 (s. S. 12f.), wo fast ein Viertel der Neugeborenen unehelich war! In den Tagebüchern der Berta Hamel wird diese Zahl nicht annähernd erreicht, lediglich 1954 scheinen rund 11% der Geburten unehelich gewesen zu sein, vorausgesetzt, sie hat nicht vergessen, den Ehemann anzugeben.
Viele „Mussheiraten", im Volksmund „Frühgeburten", habe es nach dem Zweiten Weltkrieg in Schadenbach gegeben, schreibt Linker. Ebenso berichtet er über die Bedeutung der „Goten" und „Pettern" bei der Taufe. Die Hebammen, die den Kindern auf die Welt geholfen hatten, waren nicht nur meist bei der Taufe dabei, sondern durchaus auch manchmal Taufpatinnen. Sie waren so etwas wie Familienmitglieder.
1808 wurde in Schadenbach die erste Hebamme mit Anna Elisabetha Hornmann genannt. Oft wurde das Dorf in den nächsten 150 Jahren von Hebammen aus Büßfeld oder Deckenbach mitbetreut, ab 1957 schließlich von Homberg aus durch Gertrud Hauffe.

---

[71] „Gott segne Schadenbach"; Schadenbach 2008, S. 219ff.

Hebamme Gertrud Hauffe[72]

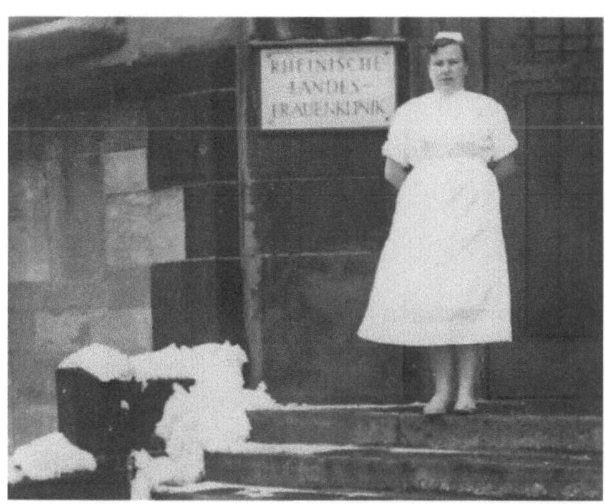

Abb. 43: Gertrud Hauffe während ihrer Ausbildung in Wuppertal.

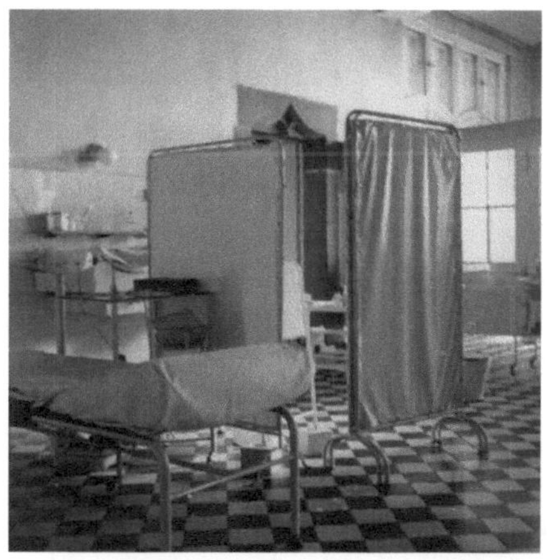

Abb. 44: Gynäkologische Abteilung in der Klinik Wuppertal.

Der Beruf der Hebamme wurde in vielen Fällen innerhalb der Familie weitergegeben. So auch bei der Homberger Hebamme Gertrud Hauffe. Bereits ihre Großmutter Marie Hasenpflug aus Büßfeld war Hebamme, die neben ihrem Heimatort auch noch Schadenbach mitbetreute.[73]

Schon früh stand für die 1936 geborene Enkelin fest, auch Hebamme werden zu wollen.[74] Nach der Volksschule arbeitete sie aber erst einmal als Waldarbeiterin, ihr Großvater war Förster. Mit 18 Jahren bewarb sie sich in der Hebammenlehranstalt Marburg, wo sie jedoch abgelehnt wurde, weil sie noch nicht volljährig war.[75] Der für den Landkreis Alsfeld zuständige Amtsarzt Dr. Carl Beck half ihr dann, in der Wuppertaler Frauenklinik einen Ausbildungsplatz zu bekommen. Für die junge Büßfelderin, die ihren Heimatort bis dahin selten verlassen hatte, eine Herausforderung! Auch für ihre Familie war es ein finanzieller Kraftakt, da sie neben dem damals noch zu zahlenden Lehrgeld darüber hinaus für Essen, Kleidung und Lehrbücher aufkommen musste. Nach 1,5 Jahren Ausbildungszeit und einem weiteren halben Jahr in der Frauenklinik kehrte Gertrud Hauffe in den Vogelsberg zurück. Mit nur 21 Jahren dürfte sie eine der jüngsten Landhebammen im Altkreis Alsfeld gewesen sein.

Abb. 45: Gertrud Hauffe auf ihrem Dienstmofa.

Anders als bei ihrer Großmutter, die nur Büßfeld und Schadenbach betreut hatte, war sie ab 1957 für Homberg zuständig, dort war die bisherige Hebamme Luise Hofmann in den Ruhestand gegangen, Büßfeld, Deckenbach und Schadenbach sowie Höingen, wo, ebenfalls 1957, die bisherige Hebamme Luise Braun, die „Keännfraa", ihre Tätigkeit beendet hatte, zuständig. Ihr Bezirk hatte sich also beträchtlich erweitert, und damit auch die Wegstrecken und natürlich die Zahl der zu betreuenden Frauen. Da Hebammen ständig in Bereitschaft sein müssen, war es bestimmt nicht einfach für Gertrud Hauffe, Familie (1958 hatte sie ihren aus Wuppertal

---

[72] Dank an Ulrich und Bettina Hauffe, Homberg, für Informationen und Fotos zu Gertrud Hauffe.
[73] s. Kurt Linker: Gott segne Schadenbach; Schadenbach 2008, S. 221
[74] s.a. Artikel von S. Galle-Schäfer in der Oberhessischen Zeitung vom 13.02.2006.
[75] Erst 1975 wurde das Alter der Volljährigkeit von 21 auf 18 Jahre herabgesetzt.

stammenden Mann geheiratet und Sohn Ulrich war auf die Welt gekommen) und Beruf „unter einen Hut zu bekommen", aber sie hat es, wie alle ihre Berufskolleginnen, mit Bravour gemeistert!

Bevor Gertrud Hauffe ein Auto zur Verfügung stand, ist sie mit ihrem Mofa, auf dem sie auch ihren Hebammenkoffer transportierte, zu den schwangeren Frauen gefahren. Einmal ist sie sogar mit einem Panzerwagen der US-Streitkräfte, die bis in die 1980er Jahre regelmäßig ihre großen Manöver im Vogelsberg veranstalteten, zu einer Entbindung nach Bernsfeld, wo sie eine Vertretung übernommen hatte, gefahren worden. Selbst in Grünberg, Laubach, Hungen und Schotten sowie Ottrau im Schwalm-Eder-Kreis und Arnshain bei Kirtorf war sie tätig.

Nach 44 Jahren beendete Gertrud Hauffe, die 2011 starb, ihre Hebammentätigkeit im Jahr 2000, nach über 2500 Geburten: Kein Kind und keine Mutter waren gestorben.

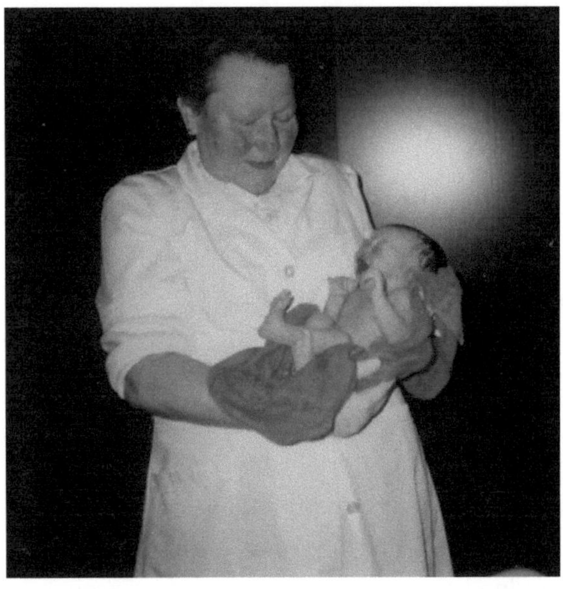

Abb. 46: Gertrud Hauffe in den 1980er Jahren mit dem Neugeborenen: Es ist angekommen, …

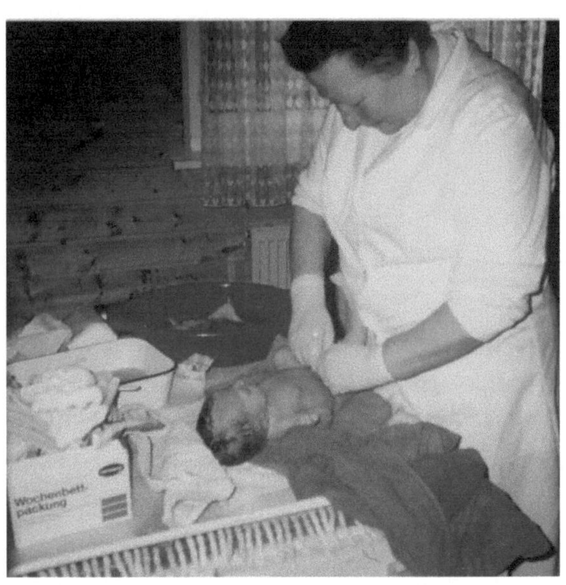

Abb. 47: wird erstversorgt, …

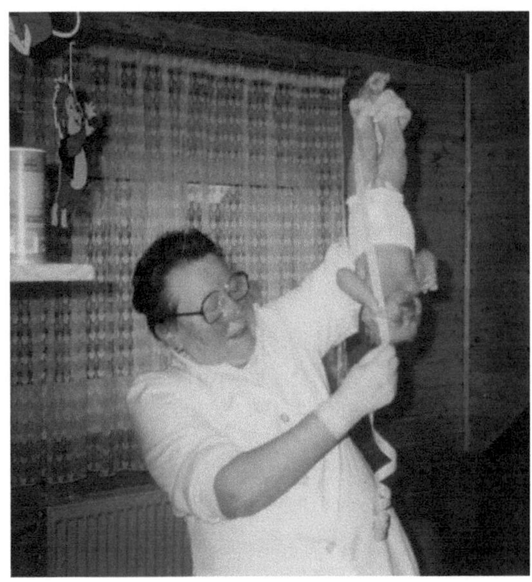

Abb. 48: wird vermessen, …

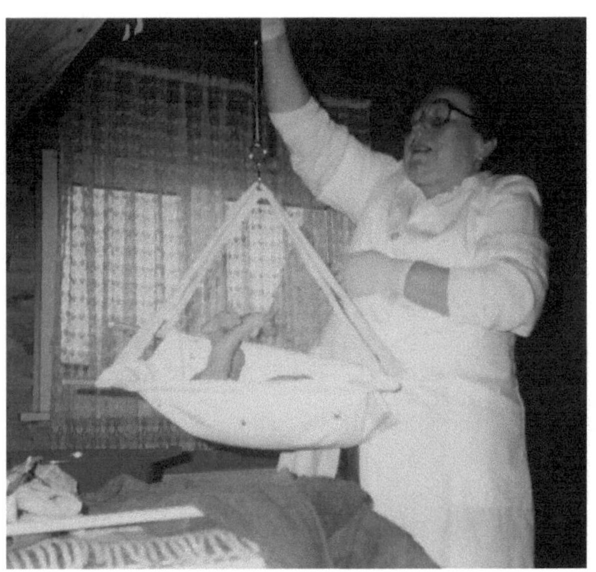

Abb. 49: und schließlich gewogen.

Kirtorf

In der Stadt Kirtorf, wo 2018 das 1100-Jahr-Jubiläum gefeiert wurde, zeigen sich einmal mehr die Veränderungen des Hebammenberufes im 20. Jahrhundert, aber auch Kontinuitäten.

Wie fast in allen Städten und Gemeinden des ehemaligen Landkreises Alsfeld kann man beobachten, wie sich die örtlichen Zuständigkeiten für Hebammen vergrößerten, sie also für immer mehr Ortschaften verantwortlich waren.
Als Sophie Müller, spätere Ehrhardt, 1927 die vakante Stelle der Kirtorfer Hebamme von Katharina Hauf übernahm, die überraschend nach kurzer schwerer Krankheit Ende 1926, ein Jahr vor ihrem 25-jährigen Dienstjubiläum, verstorben war[76], hatte die Lehrbacher Hebamme Pimper die Vertretung während der knapp einjährigen Vakanz bis zum Dienstantritt von Sophie Müller, spätere Ehrhardt, übernommen. Lehrbach gehörte dann einige Jahre später zum Bezirk von Kirtorf.
In Ober-Gleen versorgte von 1924 bis 1947 die Hebamme Marie Ruppenthal die schwangeren Frauen, in Nachfolge ihrer 1920 verstorbenen Schwiegermutter gleichen Namens.[77] Ihr folgte für wenige Jahre noch die spätere Grebenauer Hebamme Johanna Brettschneider bis ca. 1950 nach. Ab diesem Zeitpunkt gehörten auch die Dörfer Ober-Gleen und Heimertshausen zum Bezirk von Sophie Ehrhardt.
Über fast Jahrhunderte durch hatte fast jedes Dorf eine eigene Hebamme gehabt. Das war spätestens ab Mitte des 20. Jahrhunderts Geschichte.

Auch in Bezug auf Familientradition bzw. Kontinuität kann in Kirtorf bestätigt werden, was sich in anderen Orten des Landkreises hie und da zeigte: Die Mutter vererbte den Hebammendienst an die Tochter weiter bzw. er blieb in der Familie. Dies geschah schon im 17. Jahrhundert in Alsfeld, wo Katharina Raab ihr Amt an die Tochter Judith weitergab. In Ober-Gleen geht der Beruf, wie oben beschrieben, an die Schwiegertochter über, und in Schwabenrod vermutet Kathrin Jacob eine Weitergabe ebenfalls von Mutter auf Tochter.[78]

Für Kirtorf gibt es Beispiele für eine solche Praxis im 19. Jahrhundert. In den „Civil-Stands-Registern der Juden in der Stadt Kirtorf"[79] und anderen Quellen werden im 19. Jahrhundert folgende Frauen genannt. Die meisten sind miteinander verwandt:[80]
Catharina Margaretha Stein (1777-1827), Hebamme ab 1815, Schwiegermutter von
Elisabetha Margaretha Stein, geb. Stritter (1801-?), Auswanderung nach Amerika um 1830, Schwester von
Maria Christina Rullmann, geb. Stritter (1792-1856), Mutter von
Anna Elisabetha Rullmann, verheiratete Kißner (1825-?), Auswanderung nach Amerika um 1867
Elisabetha Wilhelma Merkel (1804-1851), Mutter von
Anna Elisabetha Merkel (1835-1922)
Katharina Hauf (1876-1926), Hebamme von ca. 1902 bis 1926, hat fast 500 Geburten betreut.

---

[76] s. Monika Felsing: Ober-Gleen, Bd. 2: Naut wie Ärwed; Noderstedt 2013, S. 213
[77] ebd.
[78] in: Alsfeld-Schwabenrod/Münch-Leusel; Hg. Magistrat der Stadt Alsfeld, Alsfeld 2004, S. 388
[79] aus dem Nachlass von Heinrich Dittmar (1934-2014), der viele Jahre Lehrer in Ober-Gleen gewesen ist.
[80] Dank an Helmut Meß, Vorsitzenden des Heimatvereins Stadt Kirtorf e.V., der die Verwandtschaftsverhältnisse untersuchte.

Geburten in der jüdischen Gemeinde in Kirtorf im 19. Jahrhundert

Anhand der o.g. Zivilstandsregister soll nachfolgend ein kleiner Überblick rund um Hebamme und Geburt bei Juden gegeben werden.

Wie bereits in der Einleitung erwähnt, suchte Joseph bei der anstehenden Geburt Marias nach einer hebräischen Hebamme. Größere jüdische Gemeinden in Großstädten hatten meist eine eigene jüdische Hebamme, die mit allen religiösen Riten vor, während und nach der Geburt vertraut war.
Die beiden Städte Frankfurt/Main[81] und Frankfurt/Oder bzw. Flatow[82] sollen dies verdeutlichen.

In der großen jüdischen Gemeinde in Frankfurt am Main gehört der Beruf der Hebamme zu den am längsten belegten. Bereits vor der Gettoisierung in der späteren Judengasse ist er auf einem Grabstein von 1384 nachgewiesen, der die „ehrsame Hebamme" Guta erwähnt. Die Hebamme war bei der jüdischen Gemeinde angestellt. 1791 jedoch forderte die Stadt Frankfurt, wie das für christliche Hebammen bereits seit 1758 üblich war, dass auch jüdische Hebammen vom Sanitätsamt geprüft und zugelassen werden müssten. Über die Einstellung einer Hebamme entschied aber nach wie vor die jüdische Gemeinde.

Aus Frankfurt/Oder gibt das Tagebuch der Hebamme Catharina Elisabeth Gerber, die auch in der berühmten Berliner Charité Frauen entbunden hatte, Aufschluss. Sie beschreibt dort, wie sie am 22. Juli 1785 in Frankfurt/Oder von den „jüdischen Herren Ältesten" als jüdische Hebamme für das Städtchen Flatow (heute Złotów in Polen, ca. 240 km von Frankfurt/Oder entfernt) angeworben worden sei. Es ist nicht bekannt, ob die Hebamme Gerber selbst Jüdin gewesen ist, entbunden hat sie aber Christinnen und Jüdinnen.

In ländlichen Gebieten wurden jüdische Frauen, wie Kirtorf zeigt, von den ortsansässigen christlichen Hebammen betreut, denen jüdische Frauen aus der jeweiligen Gemeinde wahrscheinlich zur Seite standen. Auch für Alsfeld ist keine jüdische Hebamme in den städtischen Archivalien belegt. Eine angestellte jüdische Hebamme hätte mit Sicherheit auch einen großen finanziellen Aufwand für die doch meist ärmeren kleinen Landgemeinden bedeutet, den sie sich nicht hätten leisten können.

Die jüdische Gemeinde in Kirtorf ist um 1800 gegründet worden. Sie scheint nicht sehr groß gewesen zu sein (1905: 45 Mitglieder). Spät wird eine erste Synagoge gebaut, die um die Jahrhundertwende abgerissen und neu errichtet wird; 1899 erfolgt der Bau einer Mikwe, dem rituellen Tauchbad.[83] Es muss aber auch schon vorher ein Tauchbad existiert haben, vielleicht in einem privaten Wohnhaus, wie beispielsweise auch für Alsfeld belegt ist, denn Mikwen spielten eine große Rolle für die rituelle Reinigung der Frau nach der Geburt. Im 3. Buch Mose, Kap. 12, 1-5, steht, dass eine Frau bis 7 Tage nach der Geburt eines Jungen unrein sein soll, „wie wenn sie ihre Tage hat"; am 8. Tag soll der Junge beschnitten werden und die Frau noch weitere 33 Tage, also insgesamt 40 Tage, zu Hause bleiben „im Blut ihrer Reinigung". Bei der Geburt eines Mädchens sind es insgesamt 80 Tage. Am Ende dieser Zeit steht das rituelle Bad in der Mikwe. Auch wenn mit Sicherheit davon ausgegangen werden kann, dass in vielen jüdischen Gemeinden in der Neuzeit diese Regeln nicht mehr so strikt eingehalten worden sind, spielt die Reinigung im Tauchbad nach wie vor eine wichtige Rolle.

---

[81] s.u. www.judengasse.de, Stichwort „Hebamme" unter „Berufe"; abgerufen am 19.01.2017
[82] s.u. www.kulturwerte-mv.de „Archivalie des Monats Mai 2012; abgerufen am 19.01.2017
[83] nicht „Frauenbad", wie Dr. Jutta Pauly im Museumskatalog „Bürger prägen das Gesicht einer Stadt", hrsg. von der Stadt Kirtorf, Kirtorf 2007, S. 26 schreibt. Die vorhergehenden Angaben zur jüdischen Gemeinde sind ebenfalls diesem Katalog entnommen.

Die Einträge im „Geburts-Register der Juden in der Gemeinde Kirtorf" beinhalten das Jahr, den Monat, den Tag und die Uhrzeit sowie die Tageszeit der Geburt, das Geschlecht des Kindes, ob ehelich oder unehelich, seinen Namen, die Namen der Eltern, das wievielte Kind der Mutter und die Hausnummer. Es folgen die Unterschriften (manchmal auch nur drei Kreuze) dreier jüdischer Zeugen, der Hebamme und des Bürgermeisters. Insgesamt sind von 1823 bis 1836 dort 39 Geburten verzeichnet, darunter auch einige uneheliche.

Hebamme Sophie Ehrhardt[84]

Am 4. Dezember 1903 wurde Dorothea Sophie als Tochter des Maurers Konrad 2 Müller und seiner Ehefrau Maria in Kirtorf geboren. Sieben Jahre später kommt ihr Bruder zur Welt. Nach der Schule verdingte sich das junge Mädchen zunächst als Dienstmagd in der Landwirtschaft und später als Waldarbeiterin.[85] Dann nimmt ihr Leben eine unverhoffte Wendung. Im Dezember 1926 stirbt die langjährige Kirtorfer Hebamme Katharina Hauf nach kurzer schwerer Krankheit. Auf Anraten ihres Dienstherrn beschließt Sophie, sich als Hebamme ausbilden zu lassen. 1926 bewirbt sie sich in der Hebammen-Lehranstalt Mainz. Ihre Abschlussprüfung besteht sie wahrscheinlich im September 1927, so dass sie am 1. Oktober des gleichen Jahres die vakante Stelle als Hebamme in Kirtorf antreten kann. Da ist sie noch nicht ganz 24 Jahre alt. Die Vertretung während des einen Jahres vom Tod der Hebamme Hauf Ende 1926 und dem Dienstbeginn von Sophie Müller 1927 übernahm die Lehrbacher Hebamme Pimper.[86] Für die damalige Zeit recht spät gründet Sophie eine Familie. Im Mai 1931 heiratet sie den vier Jahre jüngeren Schneider Johann Heinrich Ehrhardt aus Speckswinkel bei Neustadt. 1932 und 1935 kommen die beiden Söhne zur Welt.

Wie für die meisten ihrer Berufskolleginnen auch, war in der 1. Hälfte des 20. Jahrhunderts das Fahrrad das Fortbewegungsmittel für Sophie Ehrhardt. Mit ihm fuhr sie bei Wind und Wetter und jeder Tages- und Nachtzeit zu den von ihr betreuten Frauen. Zu ihrem Bezirk gehörten neben der Stadt Kirtorf die Dörfer Heimertshausen, Lehrbach und Ober-Gleen, heute Stadtteile von Kirtorf, sowie Erbenhausen das seit der Gebietsreform 1972 zur Stadt Homberg gehört. In Ober-Gleen war in den 1950er Jahren auch Johanna Brettschneider zeitweise als Hebamme tätig, die später nach Grebenau wechselte. Nach dem Ende des Zweiten Weltkriegs musste die Kirtorfer Hebamme auf Anweisung der Amerikaner eine weiße Armbinde tragen, damit sie ungehindert ihrer Arbeit nachgehen konnte.[87] Im Juni 1981 feierte sie mit ihrem Mann Johannes, der in Kirtorf ein Schneidergeschäft betrieben hatte, Goldene Hochzeit. 1987 starb Johannes Ehrhardt. Im Laufe ihrer 46-jährigen Tätigkeit als Hebamme half sie in so mancher Familie der 3. Generation auf die Welt. 1973 beendete sie ihre Hebammenlaufbahn nach 1342 Entbindungen, darunter neun Zwillingsgeburten.[88] Am 27. Oktober 1992 starb sie hochbetagt im 89. Lebensjahr.
Sophie Ehrhardt, die auch als „Storchentante" oder „Kennfrä" bezeichnet wurde, wurde eine besondere Ehre zuteil: Sie gehört zu den Menschen, die im 2005 eröffneten Museum Kirtorf, dessen Ausstellung unter dem Motto „Bürger prägen das Gesicht einer Stadt" steht, vorgestellt werden. Und dort kann man auch lesen, dass im Tausch gegen Würfelzucker auf der Fensterbank der Storch die kleinen Geschwister bringt.[89]

---

[84] Mein Dank gilt Helmut Meß, 1. Vorsitzender des Heimatvereins Stadt Kirtorf e.V., für die umfangreichen Informationen und Fotos zur Person von Sophie Ehrhardt.
[85] Artikel in der Oberhessischen Zeitung vom 15.06.2018
[86] s. Monika Felsing: Ober-Gleen, Band 2: Naut wie Ärwed; Norderstedt 2013, s. 213
[87] s. Artikel in der Oberhessischen Zeitung vom September 1967 anlässlich ihres 40-jährigen Dienstjubiläums.
[88] ebd.
[89] s.a. Katalog: Museum Kirtorf: Bürger prägen das Gesicht einer Stadt; Kirtorf 2007

Abb. 50: Sophie Ehrhardt.

Abb. 51: Sophie Ehrhardt (links) während ihrer Ausbildung in Mainz.

Abb. 52: Sophie Ehrhardt 1967.

Abb. 53: Schautafel im Kirtorfer Museum; im unteren Teil sieht man die Ober-Gleener Hebamme Marie Ruppenthal.

Romrod

Für keine andere Gemeinde/Stadt ist die Quellenlage so gut wie in Romrod. Fast ein ganzes Jahrhundert waren die beiden Hebammen Karoline Groß und Berta Hamel in der Schlossstadt tätig, später auch in den Stadtteilen. Durch Tagebücher können rund 1800 Hausgeburten der zwei Frauen belegt werden.
Nahtlos war der Übergang von Karoline Groß (1909-1941) an Berta Hamel (1940-1978). Es ist zu vermuten, dass die ältere erfahrene Hebamme der jungen noch unerfahrenen in den Jahren 1940/41 zur Seite stand.

Hebamme Karoline Groß[90]

Karoline Groß wurde als Karoline Reuter am 1. März 1882 in Romrod geboren, also im Kaiserreich. Sie war die Schwester der später in Alsfeld tätigen Gemeindehebamme Katharina Dietz, geb. 1886. Ihre Ausbildung als Hebamme hat sie in Mainz absolviert, mit Unterstützung des Großherzogs Ernst-Ludwig.[91] 1909 nimmt die mittlerweile verheiratete Karoline Bing ihre Tätigkeit als Hebamme in Romrod als Nachfolgerin von Katharina Dickel, geb. Heiser, und Anna Katharina Ehl, geb. Lang, auf. Später wird sie in 2. Ehe den Familiennamen ihres Mannes Groß annehmen.

Von den Tagebüchern der Karoline Groß, von allen nur „Kaline" genannt, sind nur das erste (1909-1911) und das letzte (1940-1941) überliefert. Ihre Nachfolgerin in Romrod wurde die Strebendörferin Berta Hamel. Im ersten Tagebuch, das im Gegensatz zu den späteren Tagebüchern (DIN A4) annähernd das Format DIN A5 hat, betreut sie ausschließlich Geburten in Romrod, im letzten Romrod, Nieder-Breidenbach und Zell.

Handschriftlich mit Bleistift notiert die Hebamme am Ende des ersten Tagebuches:

1909	Knaben	10	Mädchen	10
1910	"	12	"	19
1911	"	13	"	11

Das sind zusammen 75 Geburten in drei Jahren. Nach der durchgehenden Nummerierung sind es jedoch 76. Nicht mitgezählt in ihrer Auflistung ist eine Fehlgeburt in der 9. Woche am 18. Juni 1909. Ihre erste Geburt leitete Karoline Bing am 5. April 1909. Verhältnismäßig selten wird bei ihr in diesen ersten drei Jahren ein Arzt hinzugezogen, der medizinische Hilfe leisten muss. Anlässe für seine Anwesenheit waren:

Nr. 8/1909: Eine Einspritzung, Ausräumung der Gebärmutter (Fehlgeburt), Herr Doktor Neuenhagen; Großer Blutverlust, wurde gestillt durch Einspritzung unter die Haut, kalte Aufschläche (sic!) auf den Leib.

Nr. 9/1909: Austrückung (sic!) der Nachgeburt, Herr Doktor Neuenhagen; Das Kind war scheintot, wurde wiederbelebt.

Nr. 29/1910: (Es war die dritte Geburt am 27. Februar) Nach einer ½ Stunde drückte sie [die Nachgeburt, Anm. d. Verf.] Herr Doktor Neuenhagen aus follständig (sic!); das Kind starb am 4. Tage infolge Krämpfe; durch die übergroße Menge des Fruchtwassers traten Wehenschwäche (oder Wehenschmerzen?) ein. Es stellten sich 2 Wasserblasen(?)

Nr. 45/1910: (Geburtsverlauf) 3 ½ Stunden mit Hilfe des Arztes, Lösung der Arme, des Kopfes, Herr Doktor Neuenhagen, Totgeburt

---

[90] Dank an Horst Blaschko, Vorsitzenden des Heimat- und Kulturvereins Romrod, der sowohl die beiden Tagebücher als auch die beiden Fotos beim Enkel von Karoline Groß' Enkel, Ernst Walper aus Romrod, ausfindig machte.
[91] Nach mündlicher Aussage ihres Enkels Ernst Walper.

Nr. 52/1910: Zange, Herr Doktor Neuenhagen

Nr. 72/1911: Zange, Herr Doktor Schlosser[92]; der kindliche Kopf stand mit der Pfeilnaht im Beckenausgang
      quer.

Neben den oben erwähnten Tot- und Fehlgeburten bzw. dem Tod des Kindes nach der Geburt finden sich
noch die folgenden Einträge in diesem Tagebuch:

Nr. 16/1909: Totgeburt; die Mutter war vor der Geburt krank an Gallenblasen-Entzündung, welche sich
      im Wochenbett vortsetzte (sic!); (Befinden des Kindes, Spalte 8) Mißbildung des
      Kindes, Froschkopf u. doppelter Nabelbruch

Nr. 39/1910: Das Kind starb nach ½ Stunde.

Nr. 69/1911: Kind starb am 3ten Tag infolge Lebensschwäche

Sehr oft erwähnt Karoline Bing bei Dauer und Verlauf der Nachgeburtsperiode (Spalte 6) den Credeschen Handgriff, der 1856 in Leipzig von Carl Siegmund Franz Credé, einem deutschen Gynäkologen, erstmals beschrieben und der nach ihm benannt ist. Mit Hilfe dieser Technik wird versucht, in der Nachgeburtsperiode die sicher gelöste Plazenta aus dem Uterus (Gebärmutter) zu exprimieren.[93]

Als Ernährung des Kindes findet sich zum allergrößten Teil „Muttermilch", in einigen Fällen „Muttermilch, verdünnte Kuhmilch" und in einem Fall, nämlich bei der Geburt des Kindes von Dr. Neuenhagen, „Vilbeler Fettmilch".

Als prüfende Amtsärzte taucht im ersten Tagebuch von Karoline Bing Dr. Wengler (1909-1911) auf und am Ende des Tagebuchs noch ein Prüfvermerk von Dr. Langermann vom 22. August 1912.

Von den 76 schwangeren Frauen war nur eine einzige ledig (1910, 2. Geburt), alle anderen waren verheiratet. Am 1. Januar 1911 entband Karoline Bing ihre Schwester Katharina Dietz von einem Mädchen. Interessant ist es, sich die Berufe der Ehemänner in dieser Zeit etwas näher anzuschauen, da es viele von ihnen heute nicht mehr gibt. Es finden sich 23 Landwirte und zwei Bauern, je fünf Tagelöhner und Eisenbahnarbeiter, je vier Maurer und Fabrikarbeiter, drei Zimmerleute, je zwei Kutscher, Briefträger, Arbeiter, Lehrer, Gärtner, Bahnarbeiter, Kaufleute und Bierbrauer, sowie jeweils noch ein Schreiner, ein Schneider, ein Holzarbeiter, Straßenwart, ein Sattler, ein Arzt (Dr. Eugen Neuenhagen), ein Pfarrer (Heinz Jäger), ein Bahnvorsteher, ein Wagner, ein Postverwalter, ein Wachtmeister (Philipp Schmidt), ein Dienstknecht und ein Dachdecker.

Zwischen den beiden Tagebüchern liegen 28 Jahre. 1928 taucht ihr Name in einem Brief der Bürgermeisterei Alsfeld vom Oktober 1928 auf, nach dem sie und nicht die Alsfelder Hebamme Gudrun Fuhrmann, die Vertretung für die „abwesende" Hebamme Katharina Dietz in Alsfeld, ihre Schwester, übernehmen soll.

Da Karoline Bing, später verheiratete Groß, durchgehend nummeriert hat, ergibt sich eine Gesamtzahl der von ihr betreuten Geburten von 595. Ihre letzte leitete sie am 8. September 1941. Ihre Nachfolgerin Berta Hamel führte ihre erste am 19. Oktober 1940 durch, was bedeutet, dass beide Hebammen noch ein Jahr zusammen in Romrod und Nieder-Breidenbach tätig waren. Erst ab 1942 kommt Zell zum Bezirk von Berta Hamel dazu.

1940 betreut Karoline Groß 25 Geburten und 1941 nur noch neun. Erwähnenswert bei den Einträgen sind eine Geburt 1940, die 49 Stunden dauerte und bei der ein Dammriss nach Anlegen der Zange durch Dr. Tolkiemit genäht sowie eine innere Untersuchung wegen Fehlstands des Kopfes vorgenommen werden mussten, die Niederkunft einer 48-jährigen Frau mit dem dritten Kind 1940 sowie die zweite Geburt einer ledigen 20-Jährigen. Als Amtsarzt taucht Dr. Jockel auf und es ist kein Sterbefall notiert. 1963 starb sie.

---

[92] Dr. Gustav Schlosser, Grünberger Str. 25, Alsfeld; s. Adreßbuch 1925/25 Stadt Alsfeld
[93] Wikipedia „Credé-Handgriff", abgerufen am 15.11.2018

Abb. 54: Gruppenfoto der Familie Reuter Anfang des 20. Jahrhunderts. Links ist Katharina Dietz, rechts ihre Schwester Karoline Groß zu sehen; umrahmt werden die beiden „Hebammenschwestern" von ihrer Mutter in der Mitte des Bildes und ihren Brüdern.

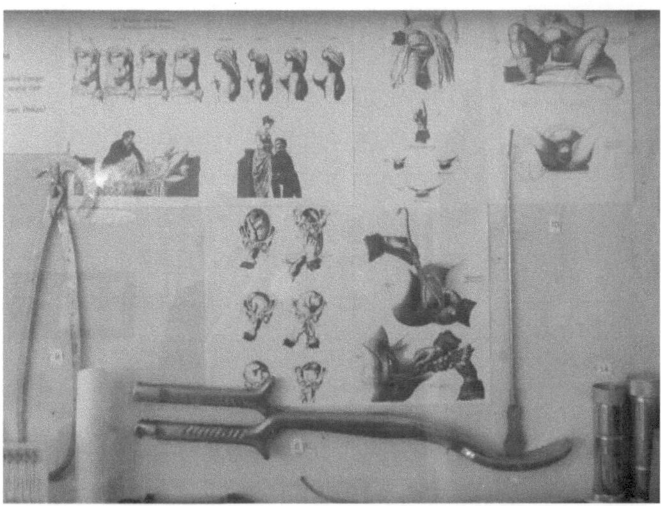

Abb. 55: Geburtszange im Dorfmuseum Oberrosphe.

Abb. 56: Karoline Groß als Rentnerin.

Hebamme Berta Hamel[94]

Abb. 57: Berta Hamel

Berta Rapp wurde am 10. November 1914, der Beginn des Ersten Weltkriegs lag erst wenige Wochen zurück, in Strebendorf geboren. 1936 heiratete sie Otto Hamel. Ein Jahr später erblickte Tochter Irma das Licht der Welt; es folgten 1938 und 1941 die Töchter Erna und Renate. Am 1. September 1939 begann der Zweite Weltkrieg, im gleichen Jahr startete Berta Hamel ihre Ausbildung zur Hebamme in der Mainzer Frauenklinik – da hatte sie bereits zwei Kinder!

Im Jahr 1940 schloss Berta erfolgreich ihre Hebammenausbildung ab und trat ihren Dienst als Hebamme in Nachfolge von Karoline Groß in Romrod an. Am 19. Oktober des gleichen Jahres verhalf sie in Nieder-Breidenbach zum ersten Mal als selbstständige Hebamme einem kleinen Jungen auf die Welt. Als Arzt stand ihr der in Romrod ansässige Dr. Tolkiemit zur Seite. Für 1940 ist dann nur noch eine weitere Geburt in Strebendorf in ihrem Tagebuch festgehalten.

Abb. 58: Berta Hamel (zweite von rechts) während ihrer Ausbildung in Mainz.

Zu den Dörfern, die Berta Hamel als Hebamme betreute, s. Tabelle 2. Es war üblich, dass sich Hebammen bei personellen Engpässen gegenseitig vertraten. Und so ist es nicht verwunderlich, dass sich auch in den Tagebüchern der Strebendorfer Hebamme Einträge für andere Orte finden. 1943/44 vertrat sie die für die beiden Dörfer Storndorf und Vadenrod zuständige Hebamme Katharina Herber, die erkrankt war, ebenso 1949/50, 1949 auch eine in Alsfeld, wo zu diesem Zeitpunkt die Hebammen Katharina Dietz und Marie Löb tätig waren.

Zu den Ärzten, die Berta Hamel bei Geburten, bei denen es Probleme gab (überwiegend das Vernähen eines Dammrisses) s. Tabelle 5.

Die Kriegsjahre hatten nicht nur Auswirkungen auf die Arbeit von Berta Hamel sondern auch auf ihr Leben: 1945 wurde ihr Mann Otto an der Ostfront als vermisst gemeldet. Erst einige Jahre nach dem Tod von Berta Hamel, die bei jedem Heimkehrerzug hoffte, ihren Mann zu finden, bekam Tochter Irma Klose vom Kreiswehrersatzamt die Information, dass ihr Vater wohl 1946 in einem Kriegsgefangenenlager in Kasachstan gestorben ist. Ohne Mann musste Berta also ab 1945 ihre drei Töchter und sich versorgen. Wenn sie als Hebamme unterwegs war, betreute ihre Schwester die Kinder. Zu ihren Einsatzorten fuhr

---

[94] Mein Dank für die vielen Informationen und Fotos sowie die Zurverfügungstellung der Tagebücher, des Rechnungsbuches und der Kassenbücher, gilt der Tochter von Berta Hamel, Irma Klose aus Strebendorf.

Berta bis noch nach Kriegsende bei Wind und Wetter mit dem Fahrrad, bevor sie sich ein Motorrad leisten konnte.

Erst viel später wurde das Motorrad von einem Auto abgelöst. Einmal, so erzählte Irma Klose, ist ihre Mutter mit einer Milchkutsche zu einem Wochenbettbesuch gefahren worden.

Doch zurück zu den Aufzeichnungen von Berta Hamel und den kriegsbedingten beruflichen Auswirkungen. 1941 betreute sie 14 Wöchnerinnen, 1942 nur zehn, 1943 immerhin 22. Unter den 31 Geburten des Jahres 1944 ist bei drei Frauen als eigentlicher Herkunftsort Offenbach vermerkt. Die Stadt östlich von Frankfurt war am 18. März 1944 durch alliierte Bombenangriffe fast vollständig zerstört worden. Überlebende waren evakuiert worden, u.a. wohl nach Romrod und Nieder-Breidenbach. Vielleicht hatten sie dort auch Verwandte. Und so kamen am 10. April und am 1. und 22. Mai drei Offenbacher Kinder im Vogelsberg zur Welt. Am 6. Dezember, dem Nikolaustag, wurde das alte Gießen durch Bombenangriffe zerstört, auch in diesem Fall wurden Überlebende nach Zell und Romrod evakuiert, wo am 9. Dezember 1944 und am 19. Januar 1945 ein Mädchen und ein Junge geboren wurden, der Junge allerdings als Totgeburt.

Ein weiterer Vermerk Berta Hamels lässt das Chaos der letzten Kriegswochen erahnen: Am 31. Januar 1945 notierte sie bei einer Wöchnerin: „Wegen ungünstiger Raumverhältnisse am 2. Tage in das Krankenhaus Alsfeld." War unter den Geburten der Jahre 1940 bis 1943 keine einzige Fehlgeburt (ein Kind starb nach der Geburt, vier waren scheintot), so sind von 1944 bis 1947 insgesamt 17 Sterbefälle von Kindern bei 142 Gebärenden zu verzeichnen, das sind fast 17% aller Geburten! Ab Ende 1944 platzte auch der Vogelsberg auf Grund des enormen Anstiegs von Flüchtlingen und Vertriebenen aus allen Nähten. Die Wohn- und Versorgungssituation war katastrophal gewesen, ebenso die hygienischen Bedingungen bei Geburten. Eine mit Sicherheit für eine dreifache Mutter schwere Zeit. Tochter Irma erinnerte sich auch, dass ihre Mutter manchmal Brot zu besonders bedürftigen Familien mitnahm.

Die letzte von Berta Hamel begleitete Geburt fand am 15. Mai 1978 statt, es war die 1.187. in 38 Berufsjahren. Am 19. August 1994 starb sie nach langer schwerer Krankheit mit fast 80 Jahren in ihrem Heimatdorf Strebendorf, in dem auch der langjährige Strebendorfer Bürgermeister Max Haika bis 2018 wohnte, der nach der Gebietsreform 1972 der erste Bürgermeister der Stadt Romrod wurde.

Anlässlich ihres 40-jährigen Dienstjubiläums 1980 (obwohl sie zu diesem Zeitpunkt schon zwei Jahre im Ruhestand war!) ehrten sie der damalige Amtsarzt Dr. Faust, Bürgermeister Max Haika, dessen Frau ebenfalls mit Hilfe der Strebendörfer Hebamme ihre Kinder zur Welt gebracht hatte, und Amtmann Simmer, der für die korrekte Führung der Kassenbücher viele Jahre zuständig gewesen war, in ihrem Haus in Strebendorf.[95]

---

[95] Heimatbuch Feldatal; Feldatal 2011², S. 909

Abb. 59: Berta Hamel auf ihrem Dienstmotorrad.

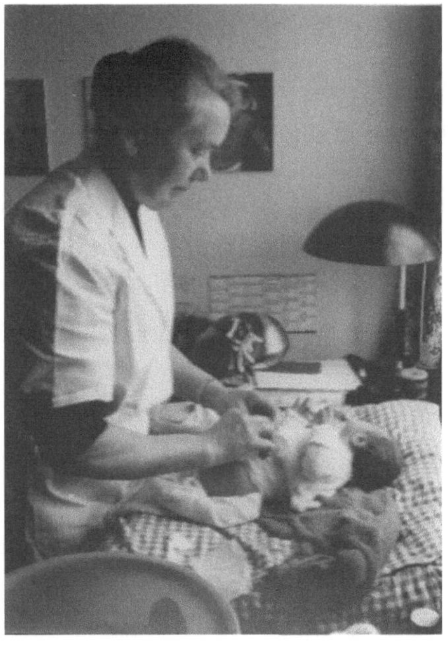

Abb. 60: Berta Hamel bei der
Erstversorgung eines Neugeborenen.

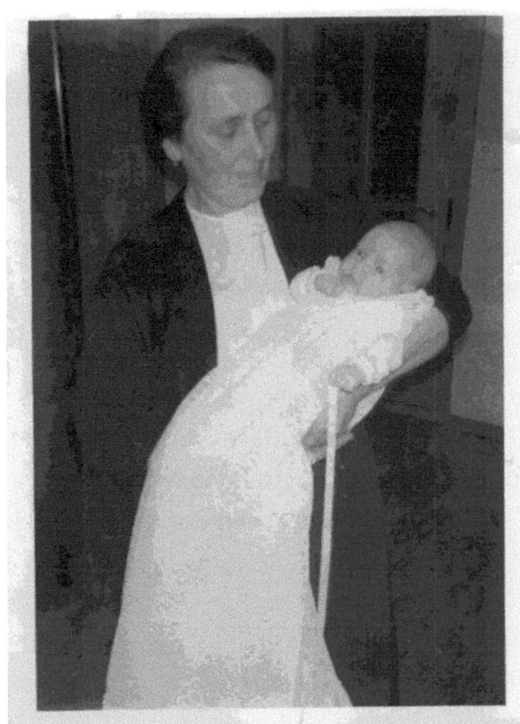

Abb. 61: Berta Hamel bei der Taufe eines von ihr
„geholten" Kindes.

Abb. 62: Berta Hamel bei ihrem 40-jährigen
Dienstjubiläum. Links ist Marie Löb zu sehen, rechts
Bürgermeister Max Haika. Hinter ihr wahrscheinlich Dr.
Faust und rechts im Hintergrund Herr Simmer.

Die Tagebücher der Berta Hamel

Das „Tagebuch der Hebamme" diente der vollständigen Dokumentierung einer Geburt und wurde regelmäßig, mindestens einmal im Jahr, vom zuständigen Amtsarzt des Kreises kontrolliert.

Ein Vergleich zwischen den Tagebüchern von Karoline Groß und Berta Hamel (der besseren Überschaubarkeit wegen im Nachfolgenden Ausgaben 1910, 1940 und 1970 genannt) bringt keine großen, aber einige kleine und recht interessante Unterschiede zutage. So fällt als erstes die Größe der Ausgabe 1910 ins Auge, annähernd DIN A5, die folgenden Ausgaben haben das Format DIN A4. 1910 gibt es noch keine vorgeschaltete „Anweisung zur Führung des Tagebuches" und die Spaltenanzahl für die Eintragungen beläuft sich auf neun, in den späteren sind es 13. Wie wichtig die Eintragungen der Hebamme in das Buch (s. Abbildung) waren, macht die Formulierung deutlich, „Nachweislich falsche oder ungenaue und daher irreführende Eintragungen bedeuten einen schweren Verstoß gegen die Berufspflichten der Hebamme, der unter Umständen die Entziehung des Prüfungszeugnisses oder andere Strafen für die betreffende Hebamme zur Folge haben kann." (Ausgabe 1940). Dieser Passus ist in den 1970er Jahren etwas milder formuliert: „Unrichtige oder ungenaue Eintragungen sind ein Verstoß gegen die Berufspflichten der Hebamme, der unter Umständen die Entziehung der Anerkennung oder andere Strafen für sie zur Folge haben kann."

Welche Fortschritte jedoch die Betreuung einer Gebärenden durch die Hebamme im Laufe des 20. Jahrhunderts gemacht hatte, machen die Eintragungen deutlich, die in den Ausgaben ab 1940 wesentlich detaillierter sind, wie beispielsweise die Temperatur- und Pulsmessungen der Schwangeren und der Wöchnerin bis 10 Tage nach der Geburt oder Angaben über die Schwangere in der Vorgeburtszeit (Krankheiten, Störungen, etc.).

Interessant in der Ausgabe 1940 ist die Spalte 8 mit der Überschrift „Wurde das Kind durch die Mutter oder eine Amme gestillt oder nicht? Warum nicht?". Ammen waren vor allem im 19. Jahrhundert sehr gefragt. So finden sich zahlreiche Anzeigen im Alsfelder Wochenblatt oder Intelligenzblatt, in denen eine Amme gesucht wird, u.a. 1845 und 1846, durch den großherzoglichen Physikatsarzt Dr. Stammler. Die Ammen kamen in dieser Zeit überwiegend vom Land, meist junge ledige Frauen mit einem unehelich geborenen Kind, die ihre Dienste der gesellschaftlichen Oberschicht anboten und dort sehr begehrt waren.[96] Das Stillen durch Lohnammen ging in Europa etwa ab den 1920er/1930er Jahren stark zurück, als brauchbare Ersatzmilch verfügbar wurde.[97]

Dem Stillen durch die Mutter kam im „Dritten Reich" eine wachsende Bedeutung zu. Umso erstaunlicher ist es, dass bei Johanna Haarer und ihrem damals sehr populären Ratgeber „Die deutsche Mutter und ihr erstes Kind" mit keinem Wort eine Amme erwähnt wird, sie jedoch im Tagebuch auftaucht.

Bei der Ernährung des Kindes ist in den beiden Tagebüchern von Karoline Groß überwiegend das Stillen durch die Mutter genannt, einige wenige Male wird zusätzlich verdünnte Kuhmilch verabreicht und einmal „Vilbeler Fettmilch". Dies ist auch in den Tagebüchern von Berta Hamel so. Erst ab 1957 notiert sie vereinzelt, dass das Kind mit Alete-Frühnahrung gefüttert worden ist, da keine Muttermilch vorhanden war oder zusätzlich zu Muttermilch. Ab und zu wird dem Kind auch Honigmilch verabreicht. Weitere Gründe für das Nichtstillen des Kindes waren eine starke Schwächung der Mutter durch Grippe oder Hohlwarzen.

Die nachfolgenden Tabellen sollen einige gesellschaftliche Aspekte näher beleuchten, aber auch Übersichten über die in den Tagebüchern auftauchenden Ärzte, Amtsärzte, etc. bieten.

---

[96] s.u.a. Johanna-Luise Brockmann: Schwälmer Ammen; Schwalmstadt-Ziegenhain 1990
[97] Wikipedia „Amme", abgerufen am 24.11.2018

1.	2.	3.	4.	5.	6.	7.
Lfd. Nr.	a) Tag u. Std. der Geburt (Fehlgeb.) b) Wieviel Stunden dauerte die Geb.? c) Wann traf die Heb. bei d. Gebärenden ein?	a) Name, Stand, Alter, Wohnort, Wohnung der Entbundenen (bei Verheirateten: Name u. Stand des Ehem.) b) Wievielte Geburt? c) Geburtsort (Wohnung — Anstalt)	a) Zahl? b) Lage? c) Geschlecht d. Kindes? d) Letzte Menstruation? e) Länge? f) Kopfumfang? g) Gewicht d. Kindes?	a) Regelwidrigkeiten in der Vorgeschichte, während der Schwangerschaft, während der Geburt und in der Nachgeburtszeit? b) Wurde die Nachgeburt auf ihre Vollständigkeit geprüft? c) Wurde eine Untersuchung durch die Scheide vorgenommen und warum?	a) Blieb die Mutter gesund? b) Erkrankte sie, woran und an welchem Tage nach der Geburt? c) Starb sie, woran und an welchem Tage nach der Geburt?	a) War das Kind totgeboren: erweicht, nicht erweicht, aber vor der Geburt abgestorben, oder war es lebendgeboren? b) Welches Merkmal des Lebens ist festgestellt worden? c) Blieb es in den ersten 10 Tagen gesund? d) Erkrankte es, wann, woran, an welchem Tage wurde es einem Krankenhaus zugeführt? e) Starb es in den ersten 10 Tagen, an welchem Tage, woran, zu Hause, im Krankenhaus?
	a) am _____ 19 _____ um _____ Uhr b) _____ Stdn. c) am _____ 19 _____ um _____ Uhr	a) Name der Entbundenen: _____ Stand: _____ Alter: _____ Wohnort: _____ Wohnung: _____ Name des Ehemannes: _____ Stand: _____ b) Geburt c)	a) Zahl: _____ b) Lage: _____ c) Geschlecht: _____ d) Letzte Menstruation: vom _____ bis _____ e) Länge: _____ cm f) Kopfumfang: _____ cm g) Gewicht: _____ g	a) Regelwidrigkeiten in der Vorgeschichte — während der Schwangerschaft: _____ Regelwidrigkeiten während der Geburt: _____ Regelwidrigkeiten in der Nachgeburtszeit: _____ b) ja — nein c) ja — nein weil _____	a) ja — nein b) Sie erkrankte an: _____ am _____ Tage nach der Geburt. c) Sie starb an: _____ am _____ Tage nach der Geburt.	a) Das Kind war _____ b) Herztätigkeit: ja — nein; Pulsation der Nabelschnur: ja — nein; Natürliche Lungenatmung: ja — nein c) Es blieb — nicht — gesund d) Es erkrankte am _____ an _____ einem Krankenhaus wurde es — nicht — zugeführt am _____ 19 _____ e) Es starb — nicht — am _____ 19 _____ an _____ zu Hause — im Krankenhaus.
	a) am _____ 19 _____ um _____ Uhr b) _____ Stdn. c) am _____ 19 _____ um _____ Uhr	a) Name der Entbundenen: _____ Stand: _____ Alter: _____ Wohnort: _____ Wohnung: _____ Name des Ehemannes: _____ Stand: _____ b) Geburt c)	a) Zahl: _____ b) Lage: _____ c) Geschlecht: _____ d) Letzte Menstruation: vom _____ bis _____ e) Länge: _____ cm f) Kopfumfang: _____ cm g) Gewicht: _____ g	a) Regelwidrigkeiten in der Vorgeschichte — während der Schwangerschaft: _____ Regelwidrigkeiten während der Geburt: _____ Regelwidrigkeiten in der Nachgeburtszeit: _____ b) ja — nein c) ja — nein weil _____	a) ja — nein b) Sie erkrankte an: _____ am _____ Tage nach der Geburt. c) Sie starb an: _____ am _____ Tage nach der Geburt.	a) Das Kind war _____ b) Herztätigkeit: ja — nein; Pulsation der Nabelschnur: ja — nein; Natürliche Lungenatmung: ja — nein c) Es blieb — nicht — gesund d) Es erkrankte am _____ an _____ einem Krankenhaus wurde es — nicht — zugeführt am _____ 19 _____ e) Es starb — nicht — am _____ 19 _____ an _____ zu Hause — im Krankenhaus.

Abb. 63: Muster eines Tagebuches, linke Seite.

8.	9.	10.	11.	12.	13.			
Wurde das Kind durch die Mutter gestillt oder nicht? Warum nicht? Stillhindernis?	a) Durch wen wurde die Geburt beim Standesamt gemeldet? b) Warum erfolgte keine Anzeige?	Welche Kunsthilfe wurde durch die Hebamme geleistet — welche Arzneimittel wurden von ihr verabreicht? Warum?	a) War ein Arzt zugezogen? b) Name des Arztes? c) Welche Kunsthilfe wurde durch den Arzt geleistet?	Wurde die Versorgung während der Geburt oder des Wochenbettes von der Hebamme abgegeben, wann und an wen?	Temperatur und Puls der Frau während der Geburt und im Wochenbett			
					Tag der Geburt	morgens		abends	
						Temp.	Puls	Temp.	Puls
Es wurde — nicht — gestillt von: _____ weil _____	a) Gemeldet durch: _____ b) Es erfolgte keine Anzeige, weil _____	Kunsthilfe — Arzneimittel _____ weil _____	a) Arzt — nicht — zugezogen b) Name des Arztes: _____ Wohnung: _____ c) Kunsthilfe durch den Arzt _____	Die Versorgung wurde — nicht — während der Geburt — des Wochenbettes abgegeben am _____ an _____	1. des Wochenbettes				
					1.				
					2.				
					3.				
					4.				
					5.				
					6.				
					7.				
					8.				
					9.				
					10.				
Es wurde — nicht — gestillt von: _____ weil _____	a) Gemeldet durch: _____ b) Es erfolgte keine Anzeige, weil _____	Kunsthilfe — Arzneimittel _____ weil _____	a) Arzt — nicht — zugezogen b) Name des Arztes: _____ Wohnung: _____ c) Kunsthilfe durch den Arzt _____	Die Versorgung wurde — nicht — während der Geburt — des Wochenbettes abgegeben am _____ an _____	1. des Wochenbettes				
					1.				
					2.				
					3.				
					4.				
					5.				
					6.				
					7.				
					8.				
					9.				
					10.				

Abb. 64: Muster eines Tagebuches, rechte Seite.

Tabelle 1: Entbindungs- und Herkunftsorte[98]

Entbindungsorte	Anzahl Geburten	Herkunftsorte	Anzahl Geburten
Alsfeld	4	Alsfeld	3
Dirlammen	1	Biedenkopf	1
Elbenrod	1	Bindsachsen (Gem. Kefenrod)	1
Groß-Felda	1	Brauerschwend	1
Hergersdorf	1	Gießen	1
Jägertal (Romrod)	1	Lang-Göns (bei Gießen)	1
Kestrich	2	Nieder-Ohmen	1
Köddingen	2	Ober-Sorg	1
Lauterbach	1	Offenbach	3
Nieder-Breidenbach	74	Schwanheim (Frankfurt)	1
Ober-Breidenbach	167	Seibelsdorf (Gem. Antrifttal)	1
Renzendorf	1	Wiesbaden	1
Romrod	391 (+ 1 x Eichmühle[99], 4 x Schloss[100]) = 396	Wieseck (bei Gießen)	1
Storndorf	118		
Strebendorf	147		
Vadenrod	30		
Wallenrod	3		
Wernges	1		
Windhausen	32		
Zell	201 (+ 1 x Posten 41, 2 x Posten 46[101]) = 204		

Insgesamt 1188 Geburten (mit den elf Zwillingsgeburten[102] also 1199 Kinder), nicht 1187, wie im letzten Eintrag des letzten Tagebuchs, da Nr. 723 von Berta Hamel doppelt vergeben worden ist. Amtsarzt Dr. Beck hat dies nicht bemerkt. Nach Abgleich mit den Rechnungs- bzw. Kassenbüchern kommen noch vier Geburten hinzu, so dass sich die Zahl der Kinder, die Berta Hamel zur Welt brachte, auf 2203 erhöht.

Die Herkunftsorte Gießen und Offenbach weisen auf evakuierte Frauen aus bombardierten Städten hin.

---

[98] Herkunftsorte meint, dass diese Frauen im Hebammenbezirk der Berta Hamel entbunden haben, aber bei ihren Einträgen explizit angegeben worden ist, woher sie eigentlich stammen.

[99] Oberste Romröder Mühle, Ersterwähnung 1707; s. Heimatbuch Romrod, Hg. Magistrat der Stadt Romrod, Romrod 1997, S. 140ff.

[100] s. u.a. ebd. S. 45ff.; von 1944 bis 1965 waren im Schloss Flüchtlinge und Vertriebene untergebracht, 1946 beispielsweise 33 Familien auf engstem Raum und katastrophalen hygienischen Bedingungen (ebd. S. 203). Bei einem Eintrag 1945 wird als Entbindungsort „Grube Jägertal" angegeben. Dabei handelte es sich um ein Ocker- und Braunkohlebergwerk, das von 1916-1940 betrieben worden ist (s. ebd. S. 136ff.). Auf dem ehemaligen Grubengelände und der Abraumhalde standen bis weit nach dem Krieg noch zwei Gebäude (nach Information von Horst Blaschko).

[101] Mit Posten sind Schrankenposten an der Bahnstrecke Alsfeld – Gießen gemeint. Sie standen dort, wo Wege und Bahnschienen sich schnitten; s. ebd. S. 140ff.; auf S. 141 ist auch ein Foto des Postens 41 aus dem Jahr 1934 abgebildet.

[102] Mehrlingsgeburten werden in den Tagebüchern nur als eine Geburt unter derselben fortlaufenden Nummer gezählt, aber mit hinzugefügten fortlaufenden, lateinischen Buchstaben, also z.B. 2a, 2b, usw., da es sich um die Entbindung nur einer Frau handelt.

Tabelle 2: Anzahl der Geburten nach Gemeinden im heutigen Vogelsbergkreis

Jahr	Stadt Alsfeld		Gemeinde Feldatal				Stadt Lauterbach			Gemeinde Lautertal	Stadt Romrod					Gemeinde Schwalmtal				Gesamt (TB)
	Alsfeld	Elbenrod	Groß-Felda	Kestrich	Köddingen	Windhausen	Lauterbach	Wallenrod	Wernges	Dirlammen	N-Breidenbach	O-Breidenbach	Romrod	Strebendorf	Zell	Hergersdorf	Renzendorf	Storndorf	Vadenrod	
1940											x			x						2
1941											x	x	x	x						14
1942												x	x		x					10
1943											x	x	x	x	X			x	x	22
1944											x	x	x	x	x				x	31
1945	x										x	x	x	x	x					24
1946											x	x	x	x	x					39
1947											x	x	x	x	x					48
1948											x	x	x	x	x					62
1949											x	x	x	x	x			x	x	86
1950											x	x	x	x	x			x	x	84
1951											x	x	x	x	x					57
1952											x	x	x	x	x					61
1953											x	x	x	x	x					51
1954			x			x					x	x	x	x	x					54
1955						x					x	x	x	x	x					51
1956						x					x	x	x	x	x					39
1957						x					x	x	x	x	x			x	x	51
1958						x					x	x	x	x	x			x		46
1959				X		x					x	x	x	x	x			x	x	44
1960											x	x	x	x	x			x	x	40
1961												x	x	x	x			x		35
1962				X		x					x	x	x	x	x			x	x	42
1963						x					x	x	x	x	x			x		35
1964											x	x	x	x	x			x	x	39
1965						x						x	x	x	x					23
1966												x	x	x	x			x		20
1967						x					x	x	x	x	x			x	x	16
1968						x						x	x	x	x		x	x		13
1969									x			x	x	x				x		12
1970		x										x			x			x	x	10
1971							x	x					x					x		7
1972	x											x			x					4
1973														x				x		3
1974	x											x				x		x		7
1976					x					x			x		x					4
1977							x													1
1978					x															1

Erklärung: TB = Tagebücher

Lediglich fünf Geburten fanden außerhalb des Altkreises Alsfeld statt und sind zeitlich begrenzt auf die Jahre 1969 bis 1977. Es ist davon auszugehen, dass die Zahl der freiberuflichen Hebammen zu dieser Zeit schon sehr stark zurückgegangen war, so dass die Hebammenbezirke ausgeweitet worden sind.

Tabelle 3: Sterblichkeitsrate

Jahr/Nr.	Fehlgeburt	Totgeburt	„Erweicht"[103]	nach Geburt verstorben	scheintot	Geschlecht
1940/2					x	m
1942/17				x		w
1942/18					x	w
1943/16					x	m
1944/50					x[104]	m
1944/57				x		m
1944/69	X		x			m
1945/80		x				w
1945/94	X					?
1945/99				x		m
1946/108	X					?
1946/112	X					?
1946/129	X					m
1946/130	x x					o.G. Z
1946/134	x[105]					?
1947/146		x				w
1947/154	X					?
1947/157	X		x			m
1947/170		x				w
1947/178	X					?
1948/193				x		w
1948/207				x x		m / m Z
1948/216				x		w
1948/220				x x		m / w Z
1948/227		x				m
1948/229				x		w Z[106]
1948/244				x[107]		m
1949/301	X					m
1949/323				x		m
1950/348				x		w
1950/350	X					?
1950/394		x x				m / m Z
1950/406				x		w
1950/409		x				m
1950/418		x				m
1951/445		x				m
1951/453		x x				? Z
1951/476				x		m
1954/614		x				m
1954/620				x[108]		w
1955/646		x	x			m
1955/687				x		m
1958/805		x				m
1958/808				x		m
1959/874		x				w
1961/939				x		w
1962/964	x			x		m
1962/982				x		w
1964/1050		x				w
1964/1065		x				m
1965/1076				x		m
1965/1082		x				w
1967/1119		x				m

Erklärung:

RB = Rechnungs-/Kassenbücher

---

[103] Nach Irma Lißberger lautet der Fachausdruck „mazeriert" und bezeichnet einen Fötus, der schon im Mutterleib abgestorben und bereits in Fäulnis übergegangen ist, nicht ungefährlich für die Mutter.

[104] RB: Fehlgeburt, nicht sicher, ob es überlebte.

[105] „Mißbildung"

[106] ein Zwilling überlebte

[107] „Kropf"

[108] „Mutter zuckerkrank"

o.G. = ohne Geschlecht

Z = Zwillinge

Insgesamt 58 Babys, die nicht überlebten.

Auffallend ist, dass von 1940 bis 1951 (480 Geburten nach RB in diesem Zeitraum, zzgl. sechs Zwillingsgeburten, also 486 Kinder) jährlich Todesfälle zu verzeichnen sind. Fast 75% aller Sterbefälle (43 an der Zahl) fallen in diese 12 Jahre während und nach dem Zweiten Weltkrieg. Die Sterberate in diesem Zeitraum beträgt 8,85%. Besonders dramatisch ist die Situation in den ersten drei Nachkriegsjahren 1946 bis 1948.

Von 1954 bis 1967 nehmen die Todesfälle dann rapide ab (nur noch 15 Fälle). Ab 1968 sind keine Todesfälle mehr vorgekommen, da waren es aber nur noch 62 Geburten.

Insgesamt liegt die Sterblichkeitsrate bei Berta Hamel in 39 Berufsjahren bei 2,63%.

Tabelle 4: Zwillingsgeburten

Jahr	Nummer	m	w	Ohne Geschlechts- angabe	Kommentar
1946	130			x x	Fehlgeburt
1948	207	x x			Starben nach der Geburt
1948	220	x	x		Starben nach der Geburt
1948	225	x	x		Überlebten
1948	229		x x		Ein Mädchen überlebte, eines starb nach der Geburt
1950	394	x x			Starben während der Geburt
1951	453			x x	Totgeburten
1955	674	x x			Überlebten
1957	742	x x			Überlebten
1964	1052	x	x		Überlebten
1964	1060	x	x		Überlebten

Elf Zwillingsgeburten in 17 Jahren, von 1946 bis 1964. Von den insgesamt 22 Kindern starb die Hälfte. Im Heimatbuch Feldatal[109] sind im Artikel über Berta Hamel lediglich 10 Doppelgeburten aufgeführt.

---

[109] Heimatbuch Feldatal, Hg. Gemeinde Feldatal, 2. Aufl. 2011, S. 909

Tabelle 5: Ärzte in den Tagebüchern

Ärzte	Praxis	Erwähnung in TB
Dr. Tolkiemit	Romrod	1940-1945
Dr. Karl Nern[110]	Groß-Felda	1941-1944
Dr. (Helmut?) Koch	Kirtorf(?)	1941
Dr. Bruno Weber	Alsfeld	1945-1970
Dr. Otto Grießhaber	Romrod	1946-1968
Frau Dr. Magdalene Heinmöller[111] Dr. Karl Heinmöller	Groß-Felda	1945-1963
Frau Dr. Ingeborg Hennighausen[112]	Alsfeld	1947-1968
Dr. Ludwig Kröck[113]	Alsfeld	1948-1949
Dr. Paul Schuldt[114]	Groß-Felda	1948-1959
Dr. Erich Wallisch	Romrod	1949-1960
Frau Dr. Helene Derkatsch	Storndorf	1949
Dr. K. Zinßer (Veterinärarzt)	Romrod	1949-1950
Dr. Adolf Wallenfels	Nieder-Gemünden	1950
Dr. Hans Köhl[115]	Alsfeld	1950
Frau Dr. Luzia Bittner (Kreiskrankenhaus)	Alsfeld	1950
Dr. Otto [Grießhaber?]		1954
Dr. Alfred Henkel	Alsfeld	1955
Dr. Klaus Remmel[116]	Köddingen, Groß-Felda	1955-1976
Frau Dr. Kurz	Storndorf	1957-1962
Dr. Schlüter	Romrod	1962-1965
Dr. Michael Hillebrand	Storndorf, Brauerschwend	1963-1966
Dr. Em. Fiedler[117]	Brauerschwend	1970
Dr. Hans Bergk (Gynäkologe)	Alsfeld	1972
Dr. Herbert Kliem	Bobenhausen II	1978

Mit Ausnahme von Dr. Zinßer und Dr. Bergk sind alle anderen aufgeführten Ärzte Allgemeinärzte.

Unter den insgesamt 24 in den Tagebüchern erwähnten Ärzten sind lediglich fünf Frauen.

Überdurchschnittlich viele Einweisungen erfolgten durch Dr. Nern in Krankenhäuser. Er war bei insgesamt elf Geburten anwesend, zwei Frauen überwies er in die Gießener Frauenklinik, eine in das Katholische Schwesternhaus nach Gießen und eine in das Alsfelder Krankenhaus.

---

[110] s. Abb. zu Dr. Karl Nern in Heimatbuch Feldatal, ebd. S. 894

[111] Nach der Auflistung im Heimatbuch Feldatal, 1. Auflage., S. 568, war Dr. Magdalene Heinmöller vom 01.10.1945 bis zum 01.01.1946 als Ärztin in Groß-Felda tätig, ab 01.01.1946 bis jetzt (1981 Veröffentlichung des Heimatbuches) ist Dr. Karl Heinmöller dort angegeben; im Kreis-Adreßbuch Alsfeld jedoch wird Magdalene Heinmöller noch als Ärztin aufgeführt, erst im Einwohneradreßbuch Vogelsbergkreis 1977 taucht Dr. Karl Heinmöller auf. In den Tagebüchern wird nur Dr. Heinmöller notiert, so dass eine Unterscheidung zwischen diesen beiden nicht möglich ist. Im Heimatbuch Feldatal, 2. Auflage, S. 895f., finden sich ein Foto und ein Bericht über das Ehepaar Magdalene und Karl Heinmöller.

[112] Ingeborg Hennighausen war die Tochter des Sanitätsrats Dr. Adolf Weber, Schwester von Dr. Bruno Weber, der die Allgemeinpraxis seines Vaters in der Alicestraße 17 übernahm (s. dazu Ingfried Stahl: Alsfelder Familientradition des Sanitätsrats Dr. Adolf Weber; in: MGMV 1/2005), und Frau des Augenarztes Dr. Heinrich Hennighausen. Anfangs hatte Ingeborg Hennighausen ihre Praxis ebenfalls in der Alicestraße, bevor sie in die Bahnhofstr. 3 umzog, ihr Mann betrieb seine Praxis in der Bahnhofstr. 5.

[113] Zum Entbindungsheim des Dr. Ludwig Kröck s.a. Monika Hölscher: Hebammen in Alsfeld und dem Vogelsberg; in: Heimat-Chronik 2/2017.

[114] Foto im Heimatbuch Feldatal, 2. Auflage, S. 894

[115] Sein Entnazifizierungsverfahren fand im August 1947 im Alsfelder Amtsgericht statt (Amtliches Mitteilungsblatt für den Kreis Alsfeld).

[116] Foto im Heimatbuch Feldatal, 2. Auflage, S. 896

[117] „Em." wohl für „Emeritus"

Amtsärzte:[118]

um 1905-1911	Dr. Wengler
1912	Dr. Langermann[119]
1932-1936	Dr. Ernst Görisch[120]
1936-1939	Dr. Vetzberger

Erst ab 1940 in den Tagebüchern als Amtsärzte/Prüfärzte aufgeführt:

1939-1945	Dr. Wilhelm Jockel[121]
1945-1961	Dr. Carl Beck[122]
1962-1975	Dr. Dieter Saalmann
1977-1979	Dr. Faust

Bei den Amtsärzten kann man sehr gut den Karriereaufstieg verfolgen bzw. unterschiedliche Amtsbezeichnungen:

Dr. Beck	1946	Amtsarzt
	1951	Kreisarzt
	1952	Medizinalrat
	1954	Amtsrat
	1956	Kreismedizinalrat
	1958	Obermedizinalrat
	1959	Kreisobermedizinalrat
Dr. Saalmann	1962	Kreismedizinalrat
	1964	Kreisobermedizinalrat
	1970	Obermedizinalrat, Amtsarzt
	1971	Medizinaldirektor
Dr. Faust	1972	Medizinaldirektor, Amtsarzt

Dr. Jockel zeichnete nur als Dr. Jockel.

Geburten am 24.12. (Heiligabend):

Nr. 914/1960, Nr. 1027/1963, Nr. 1089/1965, Nr. 1138/1968 = 4

Geburten am 01.01. (Neujahr):

Nr. 3/1941, Nr. 423/1951, Nr. 646/1955 (Kind verstarb), Nr. 1126/1968 = 4

---

[118] s. Dieter Saalmann: Über das Gesundheitswesen, in: Landkreis Alsfeld. Monographie einer Landschaft; Trautheim über Darmstadt und Mainz am Rhein, 1965, S. 161; hier findet sich eine Auflistung aller Amtsärzte seit 1822.

[119] Dr. Wengler und Dr. Langermann im Tagebuch der Karoline Groß

[120] Dr. Görisch und Dr. Vetzberger tauchen bei Veröffentlichungen zu Hebammenversammlungen auf.

[121] Ab 1950 war Dr. Jockel prakt. Medizinalrat in Brauerschwend

[122] Seine Frau Dr. Luise Beck war praktische Ärztin in der Marburger Str. 19 in Alsfeld.

Tabelle 6: Geburten, Kinderzahl, Geschlecht und Alter der Frauen

Jahr	Geburten TB	Kinder	Durchschnittliche Kinderzahl der Frauen	Geschlecht der Kinder			Durchschnittsalter der Frauen	Durchschnittsalter bei Erstgeburt
				m	w	o.A.		
1940	2	2	1,5	2			31,5	36
1941	14	14	2,6	9	1	4	28,3 (4xo.A.)	22,3
1942	10	10	4	5	5		32,5 (2xo.A.)	26,5
1943	22	22	2,6	15	7		28,6 (5xo.A.)	26,2 (1xo.A.)
1944	31	31	2,8	21	10		30,4 (3xO.A.)	24
1945	24 RB: 19	24	2,4	7	15	2	26,6 (5xo.A.)	24,2 (2xo.A.)
1946	39	40	2,1	15	20	5	27,9 (2xo.A.)	23,4
1947	48	48	2	23	23	2	28,4 (1xo.A.)	24,4
1948	62	66	2 (1xo.A.)	38	27	1	27,7 (2xo.A.)	25,1 (1xo.A.)
1949	86	86	2 (3xo.A.)	45	41		27,3 (3xo.A.)	24,4
1950	84	85	2,1 (1xo.A.)	46	37	2	27	24,2
1951	57 RB: 58	59	2,1	28	28	3	26,8 (2xo.A.)	24,2 (1xo.A.)
1952	61	61	1,9	35	26		26 (1xo.A.)	23
1953	51	51	2,1	27	24		25,4 (3xo.A.)	23,3
1954	54 RB: 55	55	2,1	17	37	1	25,8 (4xo.A.)	23,4
1955	51	52	2,2 (2xO.A.)	23	29		26,3	22,9
1956	39	39	2,2	21	18		25,5 (2xo.A.)	21,7 (1xo.A.)
1957	51	52	1,9	29	23		23,7 (2xo.A.)	21,7 (1xo.A.)
1958	46	46	2,8	26	20		26,8 (8xo.A.)	20,9 (1xo.A.)
1959	44 RB: 45	45	2,5	20	24	1	25,7 (1xo.A.)	22,1
1960	40	40	2,6	17	23		27 (8xo.A.)	22,1 (1xo.A.)
1961	35	35	2,8	14	21		27,6 (2xo.A.)	21,5
1962	42	42	2,8	21	21		25,6 (10xo.A.)	22,1 (2xo.A.)
1963	35	35	2,3	17	17	1	27,1	21
1964	39	41	2,4	27	14		26,5 (2xo.A.)	23,3 (1xo.A.)
1965	23	23	2,5	8	15		26,2	22,1
1966	20 RB: 21	21	3	15	5	1	27,4 (1xo.A.)	19
1967	16	16	2,1	8	8		23,6 (1xo.A.)	18
1968	13	13	3,3	7	5	1	28 (2xo.A.)	18
1969	12	12	2,3	7	5		25	20
1970	10	10	2,6	4	6		25,7 (1xo.A.)	19,5
1971	7	7	2,6	6	1		25,7	20,5
1972	4	4	1,8	2	2		22	20
1973	3	3	2,7	1	2		27	20
1974	7	7	2,3	6	1		25	19,5
1976	4	4	3,5	3	1		31,5	-
1977	1	1	2	1	0		27	-
1978	1	1	5	0	1		42	-
Gesamt	1188 RB: 1192	1199 RB: 2203						

Erklärungen:

TB = Tagebücher

RB = Rechnungs-/Kassenbücher

o.A. = ohne Angabe

Tabelle 7: Stand der Frauen und Beruf

Jahr	Alter der Frauen ohne Angabe eine Ehemannes	Beruf/Stand	Anmerkungen
1943	28 Jahre	-	-
	Ohne Altersangabe	Witwe eines Gefallenen	4. Kind
1944	29 Jahre	Witwe eines Gefallenen	3. Kind
	22 Jahre	-	-
1945	22 Jahre	Stenotypistin	Evakuiert aus Biedenkopf
	23 Jahre	Haustochter	-
	21 Jahre	Haustochter	-
1946	19 Jahre	-	-
1947	21 Jahre	-	-
	27 Jahre	verwitwet	Vaterschaft durch den zukünftigen Mann anerkannt.
1948	17 Jahre		
	34 Jahre		
	21 Jahre		
1949	34 Jahre	-	-
	22 Jahre	-	-
	23 Jahre	-	-
	23 Jahre	-	-
	22 Jahre	-	-
1950	31 Jahre	-	-
	37 Jahre	-	-
	19 Jahre	-	-
	23 Jahre	-	-
1951	22 Jahre	-	-
	19 Jahre	Hausangestellte	-
	22 Jahre	Hausangestellte	-
1952	17 Jahre	-	Meldung bei Standesamt durch Vater (des Kindes oder der Mutter?)[123]
	19 Jahre	-	-
	25 Jahre	-	-
	18 Jahre	-	Meldung bei Standesamt durch Vater (des Kindes oder der Mutter?)[124]
1953	17 Jahre	-	-
	18 Jahre	-	-
	23 Jahre	-	-
	18 Jahre	-	-
1954	22 Jahre	-	1954 gab es insgesamt 54 Geburten, das würde bedeuten, dass rund 11% der Neugeborenen unehelich gewesen wäre.
	25 Jahre	-	
	20 Jahre	-	
	20 Jahre	-	
	28 Jahre	-	
	20 Jahre	-	
1956	29 Jahre	-	-
1957	18 Jahre	-	-
1958	21 Jahre	-	-
1960	20 Jahre	Hausgehilfin	-
1962	22 Jahre	-	-
1963	17 Jahre	ledig	Durch eine neue Heftform kann jetzt angekreuzt werden.
1964	Ohne Angabe	-	-
	31 Jahre	Witwe	2. Geburt, Zwillinge
1965	23 Jahre	ledig	-

---

[123] In den anderen Fällen erfolgte die Meldung beim Standesamt in der Regel durch die Hebamme. Erst 1975 wurde das Alter der Volljährigkeit von 21 auf 18 Jahre herabgesetzt, so dass eine Meldung durch den Vater der Wöchnerin doch sehr wahrscheinlich ist, da sie noch nicht volljährig war.

[124] s. Anmerkung oben.

In der Regel wird bei den Frauen kein Beruf in den Tagebüchern genannt (bei den Männern sehr wohl!), mit wenigen Ausnahmen, und die betreffen ausschließlich Frauen, bei denen kein Ehemann angegeben ist. Es ist jedoch prinzipiell nicht auszuschließen, dass Berta Hamel bei der einen oder anderen Frau vergessen hat, den Ehemann zu benennen. Darüber hinaus finden sich auch vier Einträge mit dem Hinweis „Witwe" bzw. „verwitwet".

Die Rechnungsbücher der Berta Hamel

Im Rechnungsbuch (1940-1950) und den Kassenbüchern (1951-1978) verzeichnete Berta Hamel ihre Einnahmen und Ausgaben und ermittelte so ihren Reingewinn. Die Bücher mussten am Jahresende dem Kreisamt zur Überprüfung vorgelegt werden. Von 1959 bis 1976 war dies Kreisoberinspektor Simmer (Ausnahmen: 1970, 1971 und 1975 Hainbuch), der auch Gast beim 40-jährigen Dienstjubiläum von Berta Hamel gewesen ist.[125]

Das Rechnungsbuch bzw. die Kassenbücher geben, wie auch die Tagebücher, einen Überblick auf die Lebensumstände in den letzten fünf Jahren des „Dritten Reichs", die Nachkriegsjahre, die erste Zeit der Bundesrepublik Deutschland und der Währungsreform 1948, die „Wirtschaftswunderjahre", Ölkrise 1972 und zeigen den Trend, weg von Hausgeburten zu Entbindungen in Krankenhäusern oder Kliniken, aber auch die immer größer werdenden finanziellen Belastungen der Hebammen durch Angestellten- und Krankenversicherung (s. Tabelle 2).

Haupteinnahmequellen der Hebammen sind natürlich die Entgelte für Geburten. Die Höhe der Entgelte richtet sich nach der Gebührenordnung der Hebammen, wie ein Beispiel aus dem Jahr 1932 zeigt, und den in Rechnung gestellten Entgelte für Dienstleistungen, wie beispielsweise die Anzahl der Stunden, die die Hebamme bei einer Schwangeren vor, während und nach der Geburt verbracht hat, welche geburtshilflichen Mittel zur Anwendung kamen, Zuschläge für Zwillingsgeburten, Fahrstrecken bzw. Kilometergeld sowie Fahrzeit, Begleitung bei Überweisung in ein Krankenhaus oder Betreuung zu Hause nach Entlassung aus dem Krankenhaus, usw.

In der Regel leitete die Hebamme die Geburten allein – sie durfte das, ein Arzt nicht! Nur bei Komplikationen wurde der ortsansässige Arzt, ein Vertreter oder im Notfall auch ein Arzt aus einer benachbarten Ortschaft hinzugezogen. Der häufigste Anlass für die Hinzuziehung eines Arztes war das Vernähen eines Dammrisses, der ohne Narkose durchgeführt wurde!

Bei den Entgelten für Geburten wird im Rechnungsbuch bzw. den Kassenbüchern nach umsatzsteuerfreien, also von den Krankenkassen bezahlten Geburten, und umsatzsteuerpflichtigen unterschieden. Letztere fielen an bei Menschen, die entweder über keine Krankenversicherung verfügten oder Privatpatienten waren. Die Entgelte waren in diesen Fällen meist etwas höher als bei den von den Krankenkassen bezahlten.

Das Rechnungsbuch bzw. die Kassenbücher der Berta Hamel zeigen auch sehr deutlich, wie gering der Verdienst von Hebammen auf dem Land war. In aller Regel lag er weit unter dem Durchschnittsentgelt, vor allem in den ersten und den letzten Jahren ihrer Tätigkeit als Hebamme. Besonders gravierend ist die Situation ab 1969. Die geburtenstarken Jahrgänge sind vorbei, Hausgeburten nehmen massiv ab, die Beiträge für Sozialversicherungsbeiträge steigen radikal, so dass bei Berta Hamel von 1969 bis zum Ende ihrer Berufstätigkeit sogar ein Minus zu verzeichnen ist, das heißt sie musste einmal sogar (1975) weit über 3000 DM draufzahlen! Nach Aussage der Tochter von Berta Hamel, Irma Klose aus Strebendorf, bezog ihre Mutter irgendwann ein Mindesteinkommen für Hebammen und eine Witwenrente ihres verschollenen Mannes. Außerdem half eine kleine Nebenerwerbslandwirtschaft bei der Versorgung mit Lebensmitteln. Es ist gerade auch mit Blick auf die Verdienstmöglichkeiten von Hebammen außerordentlich bewundernswert, dass diese Frauen ihrem Beruf treu geblieben sind: Hebamme war wohl nicht nur Beruf für sie sondern wahrlich Berufung! Beim Vergleich der Eintragungen in den Tagebüchern und dem Rechnungsbuch bzw. den Kassenbüchern traten zudem einige Fehler zutage, die bei der Auswertung behandelt werden.

---

[125] s. Heimatbuch Feldatal, S. 909

Bekanntmachung,
die Gebühren der Hebammen betreffend.
Vom 6. April 1932.

An Stelle der Gebührenordnung für Hebammen vom 10. April 1927 (Reg.-Bl. S. 80) tritt mit Wirkung vom 1. April 1932 die folgende Gebührenordnung in Kraft.

Die Hebammen im Volksstaate Hessen sind berechtigt, für ihre beruflichen Leistungen zu berechnen:

1. Für Untersuchung auf Schwangerschaft in der Wohnung der Hebamme einschl. der Ratserteilung 0,75— 2,00 RM.
2. Für die Untersuchung einer Schwangeren außerhalb der Geburtszeit in deren Wohnung . . . . 1,50— 3,00 RM.
3. Für den Beistand bei einer Fehlgeburt bis zur Dauer von 6 Stunden (ausschließlich der späteren Besuche) . . 5,00—10,00 RM.
4. Für den Beistand bei einer regelmäßig verlaufenden Geburt oder Frühgeburt, die die Anwesenheit der Hebamme bis zu 8 Stunden erfordert . . . . . . 10,00—20,00 RM.
   Für jede weitere Stunde erforderliche Anwesenheit der Hebamme . . . . 0,75— 1,50 RM.
5. Zuschlag für die Leitung einer Zwillingsgeburt oder für die Hilfeleistung bei geburtshilflichen Operationen oder bei ärztlichen Eingriffen bei Fehlgeburten . . 2,00— 3,00 RM.
6. Für eine im Notfall vorgenommene Lösung der Arme und des Kopfes bei Steiß- oder Fußlage . . . . 4,00—10,00 RM.
7. Für jeden der vorgeschriebenen Wochenbettbesuche in den ersten 10 Tagen nach der Entbindung . . . . 0,75— 1,50 RM.
   Wird die Anwesenheit der Hebamme länger wie 1 Stunde benötigt, für jede angefangene Stunde . . . . 0,50— 1,00 RM.
   Für weiterhin verlangte Besuche gilt der gleiche Satz.
8. Für außerordentliche Berufungen am Tage . . . . 1,00— 2,00 RM.
9. Für außerordentliche Berufungen bei Nacht (von abends 9 Uhr bis morgens 7 Uhr) sowie für außerordentliche Berufungen an Sonn- und Feiertagen . . 2,00— 4,00 RM.
10. Für Beibringung eines Einlaufs (Klistiers) oder für eine Scheidenausspülung 0,50— 1,00 RM.
11. Für das Anlegen eines Katheters . . . 1,00— 3,00 RM.
12. Für die Tamponade der Scheide bei Blutungen . . . . 1,50— 3,00 RM.
13. Versieht die Hebamme Pflegedienst bei einer Schwangeren oder Wöchnerin, so hat sie außer Verköstigung zu beanspruchen:
    a) für den Tag . . . . 3,00— 5,00 RM.
    b) für die Nacht . . . . 4,00— 6,00 RM.
    c) für Tag und Nacht . . . . . . 7,00—10,00 RM.
14. Weggebühren bei Verrichtungen in Nachbargemeinden für jeden Kilometer Entfernung vom Wohnsitz:
    a) bei Tage . . . . 0,25— 0,50 RM.
    b) bei Nacht (9 Uhr abends bis 7 Uhr morgens) . . . . 0,50— 1,00 RM.
    Bei Benutzung der Eisenbahn darf das Fahrgeld berechnet werden, außerdem die Zeitversäumnis, und zwar für jede angefangene Stunde . . . . 0,50— 1,00 RM.
    Bei Stellung eines Fuhrwerks kann nur die Zeitversäumnis berechnet werden, keine Weggebühr.
15. Für Anmeldung eines Geburtsfalles bei dem Standesamt . . . . 0,50— 1,00 RM.
16. Für Ausstellung eines Befundscheines . 0,30— 0,60 RM.
    Ist dazu eine besondere Untersuchung notwendig, so wird sie nach Nr. 1 bezw. 2 der Gebührenordnung berechnet.

Erläuterungen.

1. Die Mindestsätze müssen bei Wenigbemittelten und in allen Fällen, in denen eine Staats-, Kreis- oder Gemeindekasse oder eine milde Stiftung für die Zahlung der Gebühren aufzukommen hat, berechnet werden. Je nach dem Einkommen der Familie können die höheren Sätze Platz greifen.
2. Das Beibringen eines Einlaufs, einer Scheidenausspülung oder Anlegen eines Katheters im Verlauf einer Geburt, Frühgeburt oder Fehlgeburt sowie bei den Wochenbett-

besuchen, kann nicht besonders berechnet werden, dagegen dürfen außer den Sätzen nach 10 bis 12 noch Besuchsgebühren berechnet werden, wenn die genannten Verrichtungen bei außerordentlichen Berufungen notwendig werden.
3. Für etwaige Lieferung der bei der Geburt und im Wochenbett notwendigen Desinfektionsmittel und Verbandstoffe hat die Hebamme den jeweiligen Kaufwert der verbrauchten Mittel in Anrechnung zu bringen.
4. Die Hebamme muß auf Verlangen der Zahlungspflichtigen ihre Forderung durch eine Rechnung begründen, in der die verschiedenen Leistungen einzeln aufgeführt und nach ihrer Zeitdauer angegeben sind; sie muß deshalb über alle von ihr gemachten Besuche und geleisteten Hilfen ein geordnetes Buch führen.

Darmstadt, den 6. April 1932.
Minister des Innern.
Leuschner.

Bekanntmachung.

Montag, den 25. April 1932, nachmittags 2 Uhr, findet in dem Sitzungssaal im Hochbauamtsgebäude in der Hersfelderstraße in Alsfeld die diesjährige regelmäßige Sitzung des Kreistages des Kreises Alsfeld mit folgender Tagesordnung statt:

Tagesordnung:

1. Diensteinweisung eines Kreistagsmitgliedes.
2. Prüfung und Begutachtung der Rechnung der Kreiskasse Alsfeld für das Rechnungsjahr 1930 (Art. 43 der Kreisordnung) und Genehmigung von Kreditüberschreitungen (Art. 40 der Kreisordnung).
3. Erstattung des Berichts über die Verwaltung und den Stand der Kreisverbandsangelegenheiten vom Rechnungsjahr 1930 (Art. 40 der Kreisordnung).
4. Feststellung des Voranschlags des Kreises Alsfeld für das Rechnungsjahr 1932 (Art. 40 der Kreisordnung).

Alsfeld, den 12. April 1932.
Der Vorsitzende
des Kreistages des Kreises Alsfeld.
Dr. Stammler,
Kreisdirektor.

Alsfeld, den 12. April.
Betreffend: Schutz der Natur.
An die Schulvorstände des Kreises.

In den letzten Jahren hat während der Frühlingszeit in Wald und Feld das Abreißen von frischem Grün gelegentlich der Spaziergänge und Ausflüge einen erschreckenden Umfang angenommen. Es ist notwendig, daß die Schule bei der Bekämpfung dieses Unfuges energisch mitwirkt. Wir empfehlen Ihnen deshalb dringend, bei jeder sich bietenden Gelegenheit, insbesondere im Naturgeschichts- und Heimatkundeunterricht, auf das Verwerfliche des erwähnten Unfugs hinzuweisen und zielbewußt die Liebe zur Natur zu wecken und zu pflegen.
Hessisches Kreisschulamt Alsfeld.
J. V.: Rausch.

Alsfeld, den 11. April 1932.
Betreffend: Besuch der gewerblichen Fortbildungsschulen.
An die Schulvorstände des Kreises.

Alle Jugendlichen im fortbildungsschulpflichtigen Alter, die in einem Lehrverhältnis stehen, sind nach dem Volksschulgesetz vom 25. 10. 1921 verpflichtet, die gewerbliche Fortbildungsschule zu besuchen. Für unseren Kreis kommen in Frage:

Die gewerblichen Berufsschulen zu Alsfeld, Homberg, Groß-Felda und Grünberg. Sie wollen, soweit nicht bereits geschehen, die Ueberweisung an die in Frage kommende gewerbliche Berufsschule alsbald vornehmen und die Lehrlinge entsprechend benachrichtigen.

Außerdem weisen wir darauf hin, daß Lehrlinge, die nicht mindestens 3 Jahre lang die gewerbliche Berufsschule besucht haben, zur Gesellenprüfung nicht zugelassen werden. Die Lehrmeister und Eltern werden deshalb dringend ersucht, diejenigen Lehrlinge, die ihre Lehrzeit nicht unmittelbar nach Entlassung aus der Volksschule beginnen, während ihrer ganzen Lehrzeit in die gewerbliche Berufsschule zu schicken, auch dann noch, wenn sie nach dem Gesetz nicht mehr schulpflichtig sind.

Die Neuanmeldungen erfolgen:
In Alsfeld: Montag, den 18. April 1932, vormittags 8.15 Uhr.
In Homberg: Donnerstag, den 21. April 1932, vorm. 7.30 Uhr.
In Groß-Felda: Freitag, den 22. April 1932, vormittags 8 Uhr.
Hessisches Kreisschulamt Alsfeld.
J. V.: Rausch.

Abb. 65: Gebührenordnung aus dem Jahr 1932

Tabelle 1: Sozialversicherungen

Jahr	Angestelltenversicherung	Krankenkassenbeiträge	Gesamt
1940	12,00 RM	k.A.	12,00 RM
1941	84,00 RM	65,76 RM	151,76 RM Anerkannt: 139,76 RM
1942	96,00 RM	65,76 RM	161,76 RM
1943	96,00 RM	65,76 RM	161,76 RM
1944	96,00 RM	65,76 RM	161,76 RM
1945	96,00 RM	65,76 RM	161,76 RM
1946	k.A.	k.A.	k.A.
1947	k.A.	k.A.	k.A.
1948	48,00 DM	42,48 DM	90,48 DM
1949	134,50 DM	73,94 DM	208,44 DM
1950	k.A.	k.A.	k.A.
1951	162,00 DM	100,80 DM	262,80 DM
1952	k.A.	k.A.	k.A.
1953	162,00 DM	100,80 DM	262,80 DM
1954	162,00 DM	100,80 DM	262,80 DM
1955	162,00 DM	151,20 DM	313,20 DM
1956	162,00 DM	151,20 DM	313,20 DM
1957	247,00 DM	159,76 DM	406,76 DM
1958	252,00 DM	183,00 DM	435,00 DM
1959	252,00 DM	194,40 DM	446,40 DM
1960	336,00 DM	194,40 DM	530,40 DM
1961	336,00 DM	236,28 DM	572,28 DM
1962	336,00 DM	264,72 DM	600,72 DM
1963	336,00 DM	264,72 DM	600,72 DM
1964	504,00 DM	378,00 DM	882,00 DM
1965	504,00 DM	378,00 DM	882,00 DM
1966	504,00 DM	385,50 DM	889,50 DM
1967	504,00 DM	396,00 DM	900,00 DM
1968	540,00 DM	396,00 DM	936,00 DM
1969	576,00 DM	396,00 DM	972,00 DM
1970	816,00 DM	514,80 DM	1130,80 DM
1971	816,00 DM	514,80 DM	1130,80 DM
1972	816,00 DM	514,80 DM	1130,80 DM
1973	864,00 DM	561,60 DM	1425,60 DM
1974	1296,00 DM	801,48 DM	2097,48 DM
1975	1296,00 DM	851,36 DM	2147,36 DM
1976	1512,00 DM	915,44 DM	2427,44 DM
1977	k.A.	k.A.	k.A.
1978	k.A.	k.A.	k.A.

Erklärungen:

k.A. = keine Angaben

Steigerung der Angestelltenversicherung von 48,00 DM 1948 (Währungsreform in der BRD) auf 1512,00 DM 1976. In 29 Jahren also das 30-fache!

Steigerung der Krankenkassenbeiträge von 42,84 DM 1948 auf 915,44 DM 1976, das ist mehr als das 21-fache!

Tabelle 2: Kosten für Fahrzeuge

Jahr	Fahrrad	Motorrad	Auto	Haftpflicht/ Kfz-Vers.	Kfz-Steuer	Benzin
1940	-	-	-	-	-	-
1941	105,00 RM	-	-	-	-	-
1942	-	-	-	-	-	-
1943	-	-	-	-	-	-
1944	-	-	-	-	-	-
1945	-	-	-	-	-	-
1946	k.A.	-	-	-	-	-
1947	k.A.	-	-	-	-	-
1948	Zubehör 18,00 DM	-	-	-	-	-
1949	Fahrradkosten 16,00 DM	Leichtmotorrad 692,00 DM Zubehör 96,00 DM Zulassungsgeb. 136,00 DM	-	22,00 DM	12,00 DM	70,00 DM
1950	-	Reparaturen 68,75 DM (Abschreibung 190,00 DM)	-	42,50 DM	12,00 DM	180,00 DM
1951	-	Motorradsachen 38,00 DM (Abschreibung 190,00 DM)	-	42,50 DM	12,00 DM	150,00 DM
1952	k.A.	k.A.	k.A.	k.A.	k.A.	k.A.
1953	-	Reparaturen 60,80 DM	-	42,50 DM	12,00 DM	200,00 DM
1954	-	Reparaturen 32,00 DM Neues Motorrad 1541,00 DM	-	55,10 DM	24,80 DM	230,00 DM
1955	-	Reparaturen 42,80 DM	-	65,20 DM	26,80 DM	175,00 DM
1956	-	Reparaturen 126,00 DM	-	65,20 DM	26,80 DM	175,00 DM
1957	-	Reparaturen 32,70 DM	-	65,20 DM	26,80 DM	250,00 DM
1958	-	Reparaturen 140,00 DM	-	92,40 DM		230,00 DM
1959	-	Reparaturen 56,00 DM	-	92,00 DM		240,00 DM
1960	-	Reparaturen 174,82 DM	-	108,80 DM		380,00 DM
1961	-	-	-	108,80 DM		380,00 DM
1962	-	-	-	113,20 DM		450,00 DM
1963	-	-	-	363,60 DM		420,00 DM
1964	-	-	Neuanschaffung eines Autos	186,00 DM		450,00 DM
1965	-	-	-	463,40 DM		375,00 DM
1966	-	-	-	463,40 DM		360,00 DM
1967	-	-	-	228,30 DM		320,00 DM
1968	-	-	-	228,30 DM		300,00 DM
1969	-	-	-	228,30 DM		320,00 DM
1970	-	-	-	228,30 DM		340,00 DM
1971	-	-	-	228,30 DM		300,00 DM
1972	-	-	-	228,30 DM		350,00 DM
1973	-	-	-	437,25 DM		350,00 DM
1974	-	-	-	437,25 DM		800,00 DM
1975	-	-	-	k.A.		600,00 DM
1976	-	-	-	304,10 DM		400,00 DM
1977	-	-	-	k.A.		k.A.
1978	-	-	-	k.A.		k.A.

Tabelle 3: Übersicht Ausgaben Sonstiges

Jahr	Telefon	BG	Hebammen-verband	Hebammen-zeitschrift	Sonstiges
1940	-	-	Anmeldung zur Reichshebammenschaft 5 RM Beitrag 4. Qu. 6 RM	-	-
1941	-	-	18 RM	8 RM	Lodenmantel 28 RM Überziehschuhe 6 RM
1942	-	-	24 RM	8 RM	Werbungskosten 117,28 RM
1943	-	-	k.A.	k.A.	Werbungskosten 172,75 RM Unfallversicherung 15,30 RM
1944	-	-	k.A.	k.A.	Werbungskosten 240,25 RM Unfallversicherung 15,30 RM
1945	-	-	k.A.	k.A.	Werbungskosten 195,30 RM
1946	-	-	k.A.	k.A.	k.A.
1947	-	-	k.A.	k.A.	k.A.
1948	60,00 DM	-	7,00 DM	-	Haftpflicht 20,00 DM
1949	-	-	-	9,96 DM	-
1950	142,00 DM	44,00 DM	14,00 DM	-	Allg. Unkosten 34,96 DM
1951	122,00 DM	24,00 DM	14,00 DM	9,96 DM	Sonstiges für den Beruf 38,00 DM
1952	k.A.	k.A.	k.A.	k.A.	k.A.
1953	110,00 DM	36,00 DM	14,00 DM	9,96 DM	Beruf 42,00 DM
1954	125,00 DM	36,00 DM	14,00 DM	9,96 DM	Sonstiges für den Beruf 52,00 DM
1955	127,00 DM	36,00 DM	26,00 DM + Haftpflicht	9,96 DM	Sonstiges für den Beruf 40,00 DM
1956	130,50 DM	36,00 DM	26,00 DM	9,96 DM	Sonstiges für den Beruf 70,00 DM
1957	142,75 DM	12,00 DM	24,00 DM	9,96 DM	Sonstiges für den Beruf 72,00 DM
1958	140,00 DM	72,00 DM	k.A.	9,96 DM	Sonstiges für den Beruf 22,00 DM
1959	130,00 DM	42,00 DM	35,00 DM	9,96 DM	Sonstiges für den Beruf 48,00 DM
1960	112,00 DM	k.A.	35,00 DM	11,04 DM	Sonstiges für den Beruf 20,00 DM
1961	98,00 DM	45,00 DM	42,00 DM	33,48 DM (?)	Sonstiges 39,70 DM
1962	95,80 DM	36,25 DM	36,50 DM	11,16 DM	Sonstiges 58,00 DM
1963	90,00 DM Verlegung 90,00 DM	k.A.	45,00 DM	11,16 DM	Sonstiges 50,00 DM
1964	95,00 DM	40,00 DM	45,00 DM	13,80 DM	Sonstiges 50,00 DM
1965	124,50 DM	48,00 DM	45,00 DM	13,80 DM	Sonstiges 40,00 DM
1966	176,00 DM	40,00 DM	45,00 DM	13,80 DM	Sonstiges 30,00 DM
1967	160,00 DM	56,17 DM	65,00 DM	13,80 DM	Sonstiges, Sterilisator 170,00 DM
1968	120,00 DM	60,00 DM	75,00 DM	13,96 DM	Sonstiges 100,00 DM
1969	140,00 DM	82,00 DM	75,00 DM	13,96 DM	Sonstiges 120,00 DM
1970	200,00 DM	k.A.	75,00 DM	15,60 DM	Sonstiges 80,00 DM
1971	200,00 DM	75,00 DM	Verband, Haftpflicht und Notgroschen 95,00 DM	18,00 DM	-
1972	300,00 DM	90,20 DM	95,00 DM	20,40 DM	-
1973	320,00 DM	100,00 DM	105,00 DM	25,20 DM	-
1974	500,00 DM	100,00 DM	125,00 DM	75,60 DM (?)	-
1975	500,00 DM	110,00 DM	125,00 DM	29,40 DM	-
1976	500,00 DM	k.A.	125,00 DM	29,40 DM	-
1977	k.A.	k.A.	k.A.	k.A.	k.A.
1978	k.A.	k.A.	k.A.	k.A.	k.A.

Auswertung: Eine zeitgeschichtliche Dokumentation

Als Berta Hamel im Herbst 1940, ein Jahr nach Beginn des Zweiten Weltkriegs, Dänemark, Norwegen und Frankreich wurden überfallen und besetzt, mit ihrer Hebammentätigkeit für die Dörfer Strebendorf, Nieder- und Ober-Breidenbach begann, war sie 26 Jahre alt. Sie hatte in ihrem ersten Jahr lediglich zwei Geburten zu betreuen, eines der beiden Kinder war scheintot, hat also wahrscheinlich nicht überlebt. Eine dieser Geburten war umsatzsteuerpflichtig und wurde mit 38 RM (Reichsmark) berechnet, die andere umsatzsteuerfrei und mit 30,80 RM der Krankenkasse in Rechnung gestellt. Zu diesen Einnahmen kam Wartegeld von den Gemeinden Strebendorf und Nieder- und Ober-Breidenbach. Wartegeld (Inkonvenienzentschädigung) bezeichnete die Abgeltung für den Bereitschaftsdienst der Hebammen. Dafür mussten die drei Dörfer, für die Berta Hamel zuständig war, 42,81 RM an sie bezahlen. Für besuchte Beratungsstunden stellte sie noch 4 RM in Rechnung, so dass sich ihre Einnahmen auf 115,61 RM beliefen, denen Ausgaben in Höhe von 23 RM gegenüberstanden. Zu den Ausgaben gehörte auch die Anmeldung zur Reichshebammenschaft, die Pflicht war (s. dazu das Kapitel „Hebammen im „Dritten Reich"). Rund 93 RM waren nicht gerade viel für eine Frau mit zwei kleinen Kindern. Ob ihr Mann Otto da schon Soldat war, ist unbekannt. Die kleine Nebenerwerbslandwirtschaft war da mit Sicherheit sehr hilfreich.

1941, das Jahr, in dem die deutsche Wehrmacht die Sowjetunion überfiel und Hitler den USA den Krieg erklärte, brachte auch für Berta Hamel einige Veränderungen mit sich. Sie schenkte ihrer dritten Tochter das Leben, wodurch sie in der Ausübung ihres Berufes stark eingeschränkt war. Die Liederbacher Hebamme Marie Pabst und die Romröder Hebamme Karoline Groß halfen in dieser Zeit aus. Dennoch stand Berta Hamel 14 Frauen bei der Geburt bei, u.a. gleich zu Beginn des Jahres, am 1. Januar. Bei vier Frauen traten Probleme auf, so dass sie in Krankenhäuser überwiesen werden mussten: eine nach Alsfeld, drei nach Gießen in das Katholische Schwesternhaus. Zwei dieser Überweisungen veranlasste der Groß-Feldaer Arzt Dr. Nern.
Ein Fahrrad, das sich die Strebendorfer Hebamme in diesem Jahr angeschafft hatte, brachte sie nun schneller an ihre Einsatzorte – ein Vorteil für sie und die Schwangeren. Zu den weiteren Einnahmen, neben den Entgelten für die Geburten, zählten 1941 die Hilfe bei einer Wöchnerin wegen Schwangerschaftsbeschwerden, wahrscheinlich eine der Frauen, die in ein Krankenhaus überwiesen worden war, Säuglingsberatungsstunden, das Wartegeld und soziale Fürsorge. Das Entgelt für eine durchschnittliche Geburt lag immer noch bei 30,80 RM. Rund 455 RM betrug damit ihr Verdienst, wovon jedoch über die Hälfte für Ausgaben aller Art (s. Tabellen 2 und 3) abging. Letztendlich blieben Berta Hamel nur ca. 200 RM übrig.
Der Bezirk von Berta Hamel hatte sich in diesem Jahr auch auf die Stadt Romrod erweitert. Die vorher dort zuständige Hebamme Groß war in den Ruhestand gegangen.

Ab 1942 ist kein Wartegeld mehr unter den Einnahmen aufgeführt. Insgesamt nahm Berta Hamel für zehn Geburten, soziale Fürsorge und Einspritzungen rund 470 RM ein, von denen abzüglich der Unkosten noch 260 RM blieben. Die älteste Wöchnerin in der gesamten Dienstzeit der Hebamme war 45 Jahre. Sie wurde von ihrem 8. Kind entbunden, eine weitere 37-jährige vom 10.
Ab 1942 gehörte nun auch Zell zum Bezirk von Berta Hamel.

Der Zweite Weltkrieg wurde 1943, dem Jahr, in dem die 6. Armee in Stalingrad kapitulierte, auch in den Tagebüchern der Hebamme präsenter. Sie entband in Romrod die Witwe eines Gefallenen vom 4. Kind. Zwei Frauen wurden, wiederum von Dr. Nern, in die Frauenklinik nach Gießen überwiesen, eines der Kinder war scheintot. Für die Begleitung nach Gießen berechnete sie je 16 RM, hinzu kamen zu den Einnahmen je 32 RM pro Geburt (das Entgelt hatte sich also in diesem Jahr erhöht), die von den Krankenkassen bezahlt wurden, und zwei à 40 RM für umsatzsteuerpflichtige. Mit „Einspritzungen" beliefen sich die Einnahmen

1943 damit auf 691 RM, abzüglich der Ausgaben ca. 355 RM. Bei den Ausgaben fallen das Fehlen des Mitgliedsbeitrags zur Reichshebammenschaft sowie das Abonnement für die Hebammenzeitschrift auf. Vielleicht sind diese aber in den aufgeführten Werbekosten enthalten.

Wohl nur vertretungsweise betreute die Hebamme in diesem Jahr je eine Wöchnerin in Storndorf und Vadenrod. Storndorf taucht dann erst wieder 1949 in den Tagebüchern auf, in Vadenrod betreute die Hebamme auch im Folgejahr noch drei Geburten.

1944 fand das leider erfolglose Attentat auf Hitler am 20. Juli statt und die Invasion der Alliierten in der Normandie begann. Auch in den Tagebüchern werden die Schrecken des Zweiten Weltkriegs noch deutlicher. Berta Hamel entbindet im April und Mai des Jahres drei Frauen, als deren ursprünglicher Herkunftsort Offenbach notiert war. Die Stadt östlich von Frankfurt am Main war am 18. März 1944 durch alliierte Bombenangriffe fast vollständig zerstört worden. Die Überlebenden waren in das Umland der Rhein-Main-Region evakuiert worden, u.a. nach Romrod, wahrscheinlich ins Schloss, und nach Nieder-Breidenbach. Die drei Neugeborenen überlebten. Ebenso das Kind einer Gießenerin, die wohl nach dem verheerenden Luftangriff auf die Stadt am 6. Dezember, dem Nikolaustag, nach Zell evakuiert worden war (in das dortige RAD-Lager?), und drei Tage später ein Mädchen gebar. Die Entgelte für die Geburten der vier evakuierten Frauen wurden von den Krankenkassen bezahlt.

Doch auch Dörfer im Bezirk von Hebamme Berta Hamel wurden von Kriegsschrecken nicht verschont. So wurde am 31. März d.J. Ober-Breidenbach durch Fliegerangriffe schwer verwüstet, und am 25. November Bahnhof und Stellwerk in Zell zerstört.[126] In diesem vorletzten Kriegsjahr entband die Strebendorfer Hebamme die Frau eines Gefallenen vom 3. Kind.

Für die nun dreifache Mutter war es bestimmt nicht einfach, dass von den insgesamt 31 Geburten d.J. drei Kinder starben. Beim ersten notierte sie im Tagebuch „scheintot", im Rechnungsbuch hingegen „Fehlgeburt". Das 2. Kind starb am 3. Tag an einem angeborenen Herzfehler und das 3. schließlich war eine „erweichte" Fehlgeburt. Die Sterblichkeitsrate betrug somit 1944 fast 10%. Bei einem weiteren Eintrag im Tagebuch schrieb sie: „Am 3. Tage abgegeben an Dr. Tolkiemit", wobei nicht klar ist, ob hier Mutter oder Kind oder eventuell beide gemeint waren. Also auch in diesem Fall scheint es Probleme gegeben zu haben. Wie bereits 1943 betreute Berta Hamel auch in diesem Jahr noch Wöchnerinnen in Vadenrod. Bei der dritten Geburt dort notierte sie jedoch in ihrem Tagebuch: „Am 2. Tag abgegeben an Frau Herber, Hebamme". Offensichtlich war die für Storndorf und Vadenrod zuständige Hebamme wieder einsatzfähig, so dass die zweijährige Vertretung vorerst dort endete.

Eine normale Geburt über die Krankenkasse berechnete Berta Hamel mit 32 RM (25 x), privat à 40 RM (3 x), und für die drei Fehlgeburten betrug das Entgelt 17 RM bzw. 16 RM. Bei einer weiteren Geburt berechnete sie ebenfalls nur 16 RM, obwohl diese im Tagebuch als normale Geburt eingetragen ist. Ihre Einnahmen beliefen sich 1944 damit auf 1041 RM, wovon 402 RM für Ausgaben abgingen, ergibt einen Gewinn von 640 RM. Das war ca. ein Viertel eines allgemeinen Durchschnittsentgelts im damaligen Deutschen Reich.

1945: Hitler hatte Selbstmord begangen und der Zweite Weltkrieg endete. In der amerikanischen Besatzungszone wird Groß-Hessen proklamiert. Für die Hebamme Berta Hamel folgten nun erst die wirklich dramatischen Jahre. Man kann nur vermuten, warum die Eintragungen im Tagebuch und dem Rechnungsbuch in diesem Jahr so stark voneinander abweichen bzw. im Tagebuch oft unvollständig sind. Waren es die Wirren in den letzten Wochen vor Kriegsende und nach dem Einmarsch der Amerikaner, die am 29. März Romrod erreichten und bei dem es zu einem tödlichen Zwischenfall kam?[127] In Strebendorf war es im März 1945 kurz vor der Ankunft der Amerikaner noch zu einem tragischen Unglück gekommen.

---

[126] Heimatbuch Romrod, Hg. Der Magistrat der Stadt Romrod; Romrod 1997, S. 185ff.
[127] ebd.

Drei junge Soldaten starben bei einer Übung mit Panzerfäusten.[128] Einige Tage vorher war Zell ein zweites Mal Ziel eines Fliegerangriffs geworden. All das mag dazu geführt haben, dass im Tagebuch 24 Geburten aufgeführt sind, im Rechnungsbuch hingegen nur 19 berechnet werden. Hatte sie diese fünf Geburten schlicht nur vergessen, im Rechnungsbuch einzutragen, oder waren es vielleicht humanitäre Gründe? Die Differenz von fünf Geburten blieb also ohne Entgelt für die Hebamme.

Im Detail: 1945 sind im Tagebuch 24 Geburten aufgeführt, im Rechnungsbuch jedoch nur 19, also eine Differenz von fünf Geburten ohne Entgelt. Bei einer dieser Geburten am 31. Januar hat die Wöchnerin zwar zu Hause entbunden, wurde aber „wegen ungünstiger Raumverhältnisse am 2. Tage in das Krankenhaus Alsfeld" verlegt. Dies wirft wiederum einen bezeichnenden Blick auf die prekäre Wohnungssituation in Romrod – aber nicht nur dort – und seinen heutigen Stadtteilen. Schon seit 1944 strömten Menschen aus den ehemaligen deutschen Siedlungsgebieten im Osten nach Westen, hinzu kamen die Ausgebombten aus den Städten. Die Einheimischen mussten, ob sie wollten oder nicht, diese Menschen aufnehmen, was zu viel Frust auf beiden Seiten führte.[129] Die Wohn- und Versorgungssituation muss katastrophal gewesen sein, so dass es nicht allzu verwunderlich ist, dass eine Wöchnerin aus Sorge um ihre Gesundheit und der des Neugeborenen ins Krankenhaus überwiesen wird. Warum Berta Hamel dafür jedoch kein Entgelt forderte, bleibt offen. Der Winter 1945/46 wird auch als „Hungerwinter" bezeichnet.

Die nächsten drei nicht im Rechnungsbuch aufgeführten Geburten haben die fortlaufenden Nummern 85, 86 und 87 im Tagebuch. Nur bei Nr. 85 ist mit dem 24. Februar ein Datum angegeben. Das waren zwei Tage nach dem verheerenden Luftangriff auf Alsfeld mit acht Toten und 14 Verletzten.[130] Die Entbindung der Frau unter der Nr. 86 fand in Alsfeld statt, wo Berta Hamel insgesamt im Laufe ihrer Hebammentätigkeit nur drei Geburten betreute. Die unter Nr. 87 aufgeführte Entbindung ist z.T. mit Bleistift geschrieben und unvollständig.

Bei der fünften und letzten Geburt, die nicht im Rechnungsbuch erscheint, ist vermerkt, dass die Wöchnerin „z. Zt." in Nieder-Breidenbach ist. Das Kind war eine Totgeburt.

Unter den tatsächlich also 24 Entbindungen des Jahres 1945 sind eine Fehlgeburt, eine Totgeburt und ein Kind, das nach der Geburt verstarb. Das entspricht einer Sterblichkeitsrate von 12,5%. Bei der Totgeburt handelt es sich um das Kind einer aus Gießen-Wieseck stammenden Frau, also wahrscheinlich auch einer Evakuierten. Bei einer weiteren Wöchnerin ist als Herkunftsort Biedenkopf genannt, das aber nicht von Luftangriffen betroffen war. Bei fünf Frauen hat Berta Hamel nicht das Alter der Wöchnerinnen vermerkt, und bei drei Einträgen fehlt das Geschlecht des Kindes, was alles ebenfalls auf Chaos in diesem Jahr hinweist. Irma Klose, die Tochter von Frau Hamel, erzählte, dass die Amerikaner ihr Haus durchsucht hätten, da sie einer der wenigen Haushalte gewesen seien, die über ein Telefon verfügt hatten.[131] Es werden jedoch keine Telefongebühren als Ausgaben aufgeführt.

Diese Situation zu Hause und die anfänglichen beruflichen Einschränkungen durch die Amerikaner, wie Amtsarzt Dr. Faust in seiner Laudatio anlässlich des 40-jährigen Dienstjubiläums von Berta Hamel schrieb[132], mögen zu den Abweichungen und unvollständigen Einträgen geführt haben.

Das durchschnittliche Entgelt für eine Entbindung schwankte in diesem Jahr zwischen 32 RM und 48,80 RM. Abzüglich der Ausgaben blieben Berta Hamel 870 RM. Da die Eintragungen nicht von einem Beamten des Kreisamtes abgezeichnet und geprüft worden sind, was auch in der Verwaltung und im öffentlichen Leben auf Chaos schließen lässt, bleibt fraglich, ob die Hebamme auch tatsächlich das ihr zustehende Geld für ihre

---

[128] ebd., S. 189; nach der Erinnerung von Frau Klose waren die Soldaten in Strebendorf stationiert und sind dort auch beerdigt worden, das Unglück habe sich jedoch nicht in Strebendorf ereignet.
[129] ebd., S. 200ff.
[130] s. Herbert Jäkel: Als die Bomben auf Alsfeld fielen; Heimat-Chronik 2+3/1995
[131] Während des Krieges waren deutsche Sanitäter wegen des Telefons bei Ihnen einquartiert.
[132] s. Heimatbuch Feldatal, ebd., s. 909

Arbeit bekommen hat. Das Tagebuch ist ebenfalls nicht vom Amtsarzt geprüft worden.
Der Mann von Frau Hamel, Otto Hamel, kehrt nicht aus dem Krieg zurück und gilt als verschollen.

Das Chaos in der Verwaltung und dem öffentlichen Leben hält auch im Jahr 1946, in dem das Land Hessen gegründet wird, noch an und zeigt sich vor allem daran, dass im Rechnungsbuch nur 39 Geburten und das dafür fällige Entgelt (durchschnittlich zwischen 32 RM und 41,60 RM) verzeichnet sind, in Summe 1510 RM, aber keine Ausgaben und kein Prüfvermerk. Im Tagebuch hingegen taucht am 16. Mai der Prüfvermerk des Nachfolgers von Dr. Jockel als zuständigem Amtsarzt auf: Dr. Carl Beck (bis 1961).
Von den 39 Geburten waren fünf Fehlgeburten, darunter das erste Zwillingspärchen von Berta Hamel. Besonders tragisch: Einen Tag vorher hatte sie eine weitere Fehlgeburt zu verzeichnen gehabt, also drei tote Kinder in zwei Tagen! Insgesamt entspricht dies einer Sterblichkeitsrate von 15% - die höchste in ihrer Laufbahn. Bei einer Fehlgeburt hatte die Hebamme im Tagebuch „Mißbildung" notiert und „2. Fehlgeburt". Drei Fehlgeburten berechnete sie mit 16 RM, die anderen beiden mit 32 RM bzw. 48,80 RM.
Was für ein dramatisches Jahr für Berta Hamel, die nach wie vor nicht wusste, ob ihr Mann noch lebte.

Die prekären Lebensumstände gingen 1947 weiter. Es war der dritte strenge Winter in Folge. Wieder sind im Rechnungsbuch nur die Entgelte für 48 Geburten aufgeführt (durchschnittlich zwischen 32 RM und 48 RM), keine Ausgaben und kein Prüfvermerk des Kreisamtes. Insgesamt drei Fehlgeburten und zwei Totgeburten hat sie zu verkraften, darunter eine „erweicht". Ihre Einnahmen beliefen sich auf ca. 2013 RM und hätten damit ohne die fehlenden Ausgaben erstmals über dem damaligen Durchschnittsentgelt, das sich auf 1833 RM belief[133], gelegen. Zumindest finanziell gesehen also ein durchaus gutes Jahr für die Hebamme.

1948 war das Jahr, in dem die Berliner Blockade begann und das Jahr der Währungsreform: Ab dem 9. Juni werden die Entgelte im Rechnungsbuch in DM (Deutsche Mark) angegeben, 1:1 zur Reichsmark. Erstmals seit drei Jahren führt Berta Hamel wieder Ausgaben auf, darunter auch 60 DM für „Telephongebühren", insgesamt ca. 195 DM (24 DM für Schuhe sind wieder gestrichen worden). Für 62 Geburten erhält sie zusammen 1751,60 DM, so dass ein Gewinn von rund 1555 DM für 1948 zu verzeichnen ist, was ca. 700 DM unter dem damaligen Durchschnittsentgelt lag. Die Preise für Geburten schwanken sehr stark zwischen 32 RM/DM und 60 RM/DM. Auch in diesem Jahr findet sich kein Prüfvermerk des Kreisamtes im Rechnungsbuch.
Finanziell war 1948 für Berta Hamel ein recht gutes Jahr, aber beruflich mit Sicherheit sehr schwierig. So konnte sie vier Zwillingspärchen auf die Welt helfen – insgesamt waren es in 38 Dienstjahren elf -, doch tragischerweise überlebte nur ein Pärchen, von einem zweiten nur ein Kind. Die Kinder starben, wie auch noch vier weitere Einzelgeborenen, nach der Geburt an „Schwäche", eines hatte einen „Kropf". Ein weiteres Kind war eine Totgeburt. Dass sieben Neugeborene wenige Stunden bzw. wenige Wochen nach ihrer Geburt starben, deutet an, dass die Lebensumstände auch 1948 immer noch sehr schlecht waren (bei einem Kind ist als Todesursache nach drei Wochen „Bronchialkatarrh" angegeben). Waren es vielleicht auch humanitäre Gründe, warum Berta Hamel einer Frau, deren Zwillinge 1,5 bzw. 2,5 Stunden nach der Geburt starben, kein Entgelt berechnete, obwohl die Krankenkasse in diesem Fall bezahlt hätte (in der entsprechenden Spalte war ein Strich), ebenso einer weiteren Wöchnerin, deren Kind überlebt hatte? Man kann hier nur spekulieren, die Eintragungen im Tagebuch und dem Rechnungsbuch geben keine näheren Auskünfte.
Von 62 Geburten mit insgesamt 66 Kindern (incl. Zwillingsgeburten) endeten sieben mit dem Tod der Neugeborenen, darunter auch zwei Zwillingspärchen, also neun Kinder, was eine Sterblichkeitsrate von fast 14% bedeutet.

---

[133] zu den Durchschnittsentgelten s. Wikipedia „Durchschnittsentgelte", abgerufen am 08.11.2018

Um dem doch zum Teil erdrückenden Alltag in der Nachkriegszeit zu entgehen, suchten die Menschen auch nach Zerstreuung. Das kulturelle Leben und Erleben sollte von den vielen Sorgen ablenken. Dazu trugen auch Wanderzirkusse und -bühnen bei. Ein solcher Wanderzirkus scheint 1948 auch in Zell gastiert zu haben, denn im Mai d.J. entband Berta Hamel dort die Frau eines Artisten aus Landsberg von einem gesunden Mädchen.

Das Gründungsjahr der BRD (und der DDR) 1949 war mit 86 Geburten der geburtenstärkste Jahrgang in den 38 Dienstjahren der Berta Hamel, und nur eine Fehlgeburt und ein Neugeborenes, das am Tag seiner Geburt „an allgemeiner Schwäche" starb, waren zu beklagen. Neben ihrem eigenen Bezirk betreute die Strebendorferin für zwei Jahre auch wieder Storndorf und Vadenrod. Ein Novum gibt es für dieses Jahr (noch einmal 1950): Dr. Karl Zinßer wird als hinzugezogener Arzt bei einer Geburt genannt. Dr. Zinßer war Veterinär!
Die Einnahmen beliefen sich 1949 auf rund 4160 DM – das war ein Rekord! Abzüglich der Ausgaben, zu denen auch die Anschaffung eines Leichtmotorrads für 692 DM zzgl. Zubehör, Versicherung, Steuer und Zulassung gehörte, erstmalig seit 1942 auch wieder die Hebammenzeitschrift, kam Frau Hamel auf stolze 2930 DM, das lag rund 100 DM über dem Durchschnittsentgelt in Höhe von 2838 DM: Marshallplan, Währungsreform und die vom damaligen Wirtschaftsminister Ludwig Erhard forcierte liberale Wirtschaftspolitik sorgten für einen ökonomischen Aufschwung: Die „Wirtschaftswunderjahre" begannen.

1950 war aus finanzieller Sicht ebenfalls noch ein sehr gutes Jahr für die Hebamme: 84 Geburten bescherten ihr Einnahmen in Höhe von 3690 DM. Die Gewinnermittlung im Rechnungsbuch ist durch einen „Profi" vorgenommen worden, aber nach wie vor ohne Prüfvermerk. Ihr Reingewinn lag zwar etwa 5 DM über dem des Vorjahres, aber das Durchschnittsentgelt in der BRD war 1950 bereits auf 3161 DM gestiegen, so dass Berta Hamel knapp darunter lag.
Erstmals muss die Hebamme in diesem Jahr einen Beitrag zur Berufsgenossenschaft leisten.
Aus menschlicher Sicht war 1950 jedoch wieder etwas härter: eine Fehlgeburt, drei Totgeburten (darunter auch ein Zwillingspärchen „unter der Geburt abgestorben") sowie zwei Geburten, bei denen die Kinder nach der Geburt starben.

1951 weist Berta Hamel in ihrem Rechnungsbuch 58 Geburten aus, laut Tagebuch sind es jedoch nur 57. Nicht im Tagebuch aufgeführt ist eine 3. Geburt am 25. Mai (auch am 4. Februar betreute die Hebamme drei Geburten!). Für die daher korrekten 58 Geburten werden Entgelte in Höhe von 2516 DM in Rechnung gestellt, netto bleiben Berta Hamel rund 1560 DM, womit sie nur noch auf die Hälfte des Durchschnittsentgelts in der BRD kommt.
Das zweite Mal in ihrer beruflichen Laufbahn entband die Hebamme ein Kind an Neujahr, drei Kinder, darunter ein Zwillingspärchen, waren Totgeburten, und ein Neugeborenes starb plötzlich nach fünf Wochen.

1952 betreut Berta Hamel 61 Geburten (kein Sterbefälle). Die Einnahmen belaufen sich auf 2623 DM, Ausgaben werden diesem Jahr nicht aufgeführt.

Auch 1953, in der DDR fand der Volksaufstand statt, sind keine Sterbefälle verzeichnet. Für 51 Geburten nimmt Frau Hamel 2066 DM ein, netto bleiben ihr rund 1230 DM. Damit liegt sie ungefähr ein Drittel unter dem Durchschnittsentgelt.

1954 gibt es wieder eine Differenz von einer Geburt zwischen Tagebuch und Rechnungsbuch: Eine zweite Geburt am 3. Januar war nicht im Tagebuch aufgeführt. Das Durchschnittsentgelt für eine Geburt liegt mittlerweile bei 47 DM (vorher 35 DM) bei Geburten, die über die Krankenkassen abgerechnet werden, und 60 DM (vorher 50 DM) bei Privatpatienten. Ein Kind war eine Totgeburt, ein Kind starb nach sieben Stunden zu Hause. An Gewinn blieben der Hebamme rund 2132 DM. Nicht zu den Ausgaben wird die Neuanschaffung eines Motorrads für 1548 DM gerechnet.

Ab 1954 gehört Windhausen zum Bezirk von Berta Hamel.[134] Darüber hinaus betreute sie eine Geburt in Groß-Felda, das zum Bezirk von Anna Horst gehörte.

1955 nahm Berta Hamel rund 3000 DM für 51 Geburten ein, als Gewinn blieben ihr ca. 2030 DM. Das Jahr hatte für die Hebamme nicht gut begonnen: Am Neujahrstag kam ein Junge tot und „erweicht" zur Welt. Ein weiteres Kind starb im Laufe des Jahres an „Lebensschwäche", doch zum zweiten Mal (nach 1948) überlebten beide Zwillinge, wie auch bei den noch drei folgenden bis 1964.

1956 unterläuft Berta Hamel bei der fortlaufenden Nummerierung im Tagebuch ein Fehler, der auch dem prüfenden Amtsarzt Dr. Beck nicht auffällt: Sie vergibt die Nr. 723 doppelt. Im Rechnungsbuch werden ab diesem Jahr die Wegegelder separat aufgeführt. Das Gesamtentgelt für 39 Geburten beträgt 2359 DM, von dem ihr netto 1344 DM bleiben. Ein Vermerk im Tagebuch fällt auf: Eine Wöchnerin lehnt die Naht des Dammes ab und musste ihre Entscheidung unterschreiben.

1957, das Saarland kommt zur BRD, wird der Bezirk von Berta Hamel nun dauerhaft auf die Dörfer Storndorf und Vadenrod erweitert, wodurch sich kurzfristig die Zahl der Geburten wieder leicht erhöht auf 51. Eine Wöchnerin wird zum Nähen ins Krankenhaus (wahrscheinlich Alsfeld) gebracht und ein Neugeborenes wurde, da keine Muttermilch vorhanden war, mit „Alete-Frühnahrung" gefüttert. Eine normale Geburt kostet mittlerweile 54 DM.

Zum ersten Mal seit Kriegsende taucht 1958 im Kassenbuch wieder ein Prüfvermerk des Kreisamtes auf (unleserlich). Unter den 46 Geburten sind eine Totgeburt und ein Kind, das zwei Stunden nach der Geburt starb. Der Gewinn dieses Jahres beträgt 1930 DM.

1959 ist wiederum eine im Kassenbuch in Rechnung gestellte Geburt nicht im Tagebuch aufgeführt. Für nunmehr 45 Geburten (incl. einer in Kestrich) zzgl. zwei Einweisungen ins Krankenhaus (Alsfeld?) erhält Berta Hamel rund 3334 DM brutto. Die Ausgaben belaufen sich auf 1115 DM. Ihr Einkommen beträgt damit, wie schon in den drei Jahren vorher, knapp ein Drittel des Durchschnittsentgelt in der BRD. Zum ersten Mal taucht als Prüfer der KOI (Kreisoberinspektor) Simmer im Kassenbuch auf.

Für 40 Geburten, zwei Einweisungen ins Krankenhaus und einen Zuschlag für 12,5 Geburten[135] ab dem 1.10.1960 wegen Erhöhung des Entgelts (ab diesem Zeitpunkt kostete eine normale Geburt 66 DM statt 54 DM) bekommt Berta Hamel 1960 netto 1555 DM. Damit liegt sie nun bei nur noch einem Viertel des Durchschnittsentgelts.

Auffallend bei den Einträgen im Tagebuch dieses Jahres ist, dass vier Mal die Ernährung des Neugeborenen erwähnt ist: „Gestillt durch Mutter und Alete-Frühnahrung" (2 x), „Gestillt durch Mutter, Zufütterung durch Honigmilch" sowie „durch die Flasche mit Honigmilch, da keine Muttermilch vorhanden war". Und zum ersten Mal seit Beginn ihrer Tätigkeit als Hebamme 1940 holt Berta Hamel an „Heiligabend" ein Kind auf die Welt.

1961, die Berliner Mauer wird gebaut, betreut Berta Hamel 35 Geburten, ein Kind starb wegen „Lebensunfähigkeit". Unter den Wöchnerinnen ist mit 16 Jahren auch die jüngste jemals von Frau Hamel entbundene Frau. Ihre Einnahmen belaufen sich auf 2886 DM, Gewinn 1530 DM.

---

[134] nicht 1941, s. Heimatbuch Feldatal, ebd. S. 908

[135] Bei der letzten Geburt des Jahres am 28.12. war Dr. Wallisch zur Geburt hinzugezogen worden, weil ein Stück der Nachgeburt zurückgeblieben war und die Frau stark blutete. Für diese Geburt erhob Berta Hamel nur die Hälfte der üblichen Gebühr.

1962 nimmt die Strebendorferin für 42 Geburten (zwei Kinder starben nach der Geburt), eine Überweisung in ein Krankenhaus und einen Besuch bei einer Wöchnerin 3463 DM ein, abzgl. der Ausgaben ergibt das einen Gewinn von 2050 DM.
Auch in diesem Jahr vertrat Berta Hamel die Stumpertenröder Hebamme Anna Horst in Kestrich bei einer Geburt. Im Tagebuch ist dazu vermerkt: „Erste Hilfe bei der Entbindung, da die zuständige Hebamme verhindert war". Der hinzugezogene Arzt war Dr. Remmel aus Groß-Felda.

1963 waren es 35 Geburten für insgesamt 3057 DM. Zum ersten Mal machten die Ausgaben über 50% der Einnahmen aus. An „Heiligabend" kommt ein Kind zur Welt.

Zwei Zwillingspärchen, die überlebten und die letzten in ihrer Laufbahn sein sollten, und zwei Totgeburten zählten zu den 39 Geburten von Berta Hamel im Jahr 1964. Eine Geburt in Vertretung von Anna Horst ist nicht mitgezählt, aber mit 42 DM vergütet worden. Eine normale Geburt kostet ab diesem Jahr 84 DM. Ein letztes Mal liegt ihr Gewinn mit 2220 DM im vierstelligen Bereich. Zu den Ausgaben, die nicht mitgerechnet werden, gehört die Anschaffung eines Autos.[136]

Ab 1965 nehmen die Hausgeburten weiter kontinuierlich ab, ebenso das Nettoeinkommen. Am Ende des Jahres bleiben Berta Hamel für 23 Geburten und eine Einweisung noch ganze 414 DM! Ein Kind starb nach acht Tagen im Krankenhaus, ein Kind wurde totgeboren, die Mutter kam ins Krankenhaus, ein Kind kam nach 20 Stunden in die Gießener Kinderklinik zur Operation und ein Kind wurde an „Heiligabend" geboren.

1966 stehen Einnahmen in Höhe von 2257 DM Ausgaben von 2033 DM gegenüber: 224 DM für 21 Geburten (im Tagebuch nur 20, eine zweite Geburt am 29. Dezember ist dort nicht vermerkt) und für ein ganzes Jahr! Das entspricht ca. einem Vierzigstel eines Durchschnittsentgelts.

1967 bleiben Berta Hamel für 16 Geburten, darunter eine Totgeburt, einer Einweisung und einer Behandlung wegen Schwangerschaftsbeschwerden dann nur noch rund 183 DM, das sind weniger als 2% eines bundesweiten Durchschnittsentgelts.
Ein Kind kam ins Krankenhaus zum Blutaustausch, ein weiteres, weil es eine Frühgeburt war.
Bei den Ausgaben führt Berta Hamel auch die Anschaffung eines Sterilisators auf.

1968 schließlich ist das letzte Jahr, in dem Berta Hamel noch einen Gewinn verbuchen kann: 210 DM! Für 13 Geburten, eine auch in Renzendorf, zwei Einweisungen und drei Hilfestellungen wegen Schwangerschaftsbeschwerden nimmt sie 2059 DM ein.
Als „Krönung" dieses Jahres kann sie je eine Geburt an Neujahr und am 24. Dezember verzeichnen.

Ab 1969 erzielt Berta Hamel bis zum Ende ihrer Tätigkeit 1978 nur noch Verluste. Für 12 Geburten, zwei Einweisungen und zwei Betreuungen erhält sie 1885 DM. Die Ausgaben belaufen sich jedoch auf 1966 DM.

1970 ist das Entgelt für eine Geburt auf 160 DM gestiegen. Zehn Geburten, u.a. auch eine in Elbenrod, zwei Einweisungen und zwei Betreuungen erhält sie 2222 DM. Am Ende des Jahres hat sie 80 DM Verlust.

1971 betreut Berta Hamel 7 Geburten, u.a. auch in Lauterbach und Wallenrod, und begleitet eine Frau in die Klinik, wofür sie insgesamt 1618 DM bekommt, denen jedoch Ausgaben in Höhe von 2314 DM gegenüberstehen: ein Minus von 696 DM.

1972, das Jahr der Gebietsreform in Hessen, hat sich die „Angebotspalette" von Berta Hamel erweitert bzw. sie werden jetzt wahrscheinlich nur separat in Rechnung gestellt. Vier Geburten, eine davon in Alsfeld, eine

---

[136] Nach Aussage der Tochter Irma Klose hatte ihre Mutter das Auto gemeinsam mit dem Ehemann von Frau Klose angeschafft, auf den der PKW zugelassen war, so dass keine Anschaffungskosten zum Tragen kamen.

Erst- und Basisuntersuchung eines Neugeborenen, zwei Erstuntersuchungen, Betreuung einer Schwangeren, zwei Einweisungen ins Krankenhaus macht zusammen 1133 DM. Ihr Minus am Ende des Jahres beträgt nun schon 1358 DM!

1973, es ist das Jahr der „Ölkrise", der Wirtschaftskrise und hoher Arbeitslosigkeit, wird das Entgelt für eine Geburt auf 205 DM angehoben. Drei Geburten und drei Neugeborenen-Erstuntersuchungen à 4 DM bringen ihr 731 DM ein, die Ausgaben jedoch betragen 2840 DM!

1974 nimmt Berta Hamel mit sieben Geburten (je Geburt 236 DM), u.a. je eine in Alsfeld und Hergersdorf, eine Einweisung und sieben Neugeborenen-Erstuntersuchungen à 4 DM insgesamt 2128 DM ein, und gibt mehr als das Doppelte aus. Auffallend sind in diesem Jahr die extrem hohen Benzinkosten in Höhe von 800 DM, wohl eine Folge der Ölkrise. Das ist mehr als doppelt so viel wie in den letzten Jahren davor. Auch bei den Telefongebühren ist fast eine Verdoppelung zu beobachten auf 500 DM.

1975 betreut die Hebamme überhaupt keine Geburt. Die Einnahmen in Höhe von 349 DM setzen sich aus dem Entgelt für zwei Einweisungen und einem Wochenbettbesuch wegen vorzeitiger Entlassungen sowie Vorsorgeuntersuchungen zusammen. Dem stehen 3587 DM gegenüber – Negativrekord! Die Benzin- und Telefonkosten sind nach wie vor auf einem sehr hohen Niveau (600 DM bzw. 500 DM).

1976 sind im Rechnungsbuch wieder vier Geburten aufgeführt, u.a. in Köddingen und Dirlammen, à 236 DM; mit Wochenbettbesuchen wegen Frühentlassung aus der Klinik und vier Neugeborenen-Erstuntersuchungen kommt Berta Hamel auf 1415 DM Umsatz, hat aber 3861 Ausgaben.

1977 betreut Berta Hamel eine Geburt in Wernges für 236 DM, für zwei Wochenbettbesuche kommen noch 270 DM zzgl. der Fahrkosten hinzu, so dass sich Einnahmen von 902 DM ergeben. Ausgaben sind keine mehr aufgeführt?!
Ebenso in ihrem letzten Berufsjahr 1978. Eine Geburt in Köddingen wird mit 280 DM entgolten, hinzu kommen noch zwei Wochenbettbesuche.

Zusammenfassung

Es wäre anmaßend zu behaupten, man könne anhand von zehn mehr oder weniger ausführlichen Biografien von Hebammen in einem geografisch eng begrenzten Raum allgemein gültige Ergebnisse bekommen. Dennoch sollen hier Erkenntnisse aufgezeigt werden, die wahrscheinlich auf viele andere Regionen übertragbar sind – und mehr als eine Tendenz darstellen:

1. Der Beruf der Hebamme war in der untersuchten Region sehr oft eine Familientradition und wurde von der Schwiegermutter an die Schwiegertochter weitergegeben, von der Mutter an die Tochter, von der Großmutter an die Enkelin und von Schwester zu Schwester.
2. Ab ca. 1940 nahm die Zahl der Landhebammen kontinuierlich ab und die Bezirke wurden erweitert.
3. Hebammen gehörten zu den ersten Frauen auf dem Land, die ab Mitte des 20. Jahrhunderts einen Führerschein machten bzw. motorisiert waren (Mofa, Moped, Motorrad, Auto).[137]

Für diese Frauen war der Beruf zugleich Berufung, dem sie treu blieben, obwohl die Bezahlung nie besonders gut war, wie das Beispiel der Berta Hamel eindrücklich zeigt. Als junge Frauen vom Land wagten sie den Schritt, in mehr oder weniger weit entfernten Städten eine Ausbildung zur Hebamme zu machen, die in vielen Fällen selbst bezahlt werden musste. Dieser Schritt war mutig und zeugte auch von Selbstbewusstsein und Eigenständigkeit in einer männerdominierten Gesellschaft. Doch ohne Unterstützung ihrer Familien hätten sie dies wohl nicht geschafft.

Es waren ledige Frauen, verheiratete und Frauen mit Kindern, die für vier Monate, über ein Jahr bis zu 1,5 Jahren ihre Familien verlassen mussten. Besuche zwischendurch waren auf Grund der damals sehr großen Entfernungen und der zur Verfügung stehenden Verkehrsmittel in der Regel nicht möglich. Sie wohnten während ihrer Ausbildung in der Lehranstalt. Wie ist beispielsweise die Hebamme Bommes von Alsfeld nach Gießen gekommen? Wahrscheinlich mit der Postkutsche. Hebamme Groß aus Romrod konnte schon mit der Eisenbahn fahren, aber Hebamme Ochs aus Grebenau musste erst einmal an einen Bahnhof kommen, da die Strecke Alsfeld – Grebenau erst 1916 in Betrieb genommen worden ist.

Die nachfolgende Übersicht soll noch einmal zeigen, was diese Frauen leisteten und auf sich nahmen:

Name	Ausbildungsort	Dauer der Ausbildung	Jahr des Abschlusses	Alter bei Abschluss	Stand bei Ausbildung	Kinder bei Ausbildung
Bommes	Gießen	?	1830	?	Verh.	?
Groß	?	?	1909	24 Jahre	Verh.	2
Ochs	Mainz	4 Monate	1911	29 Jahre	Verh.	2
Ehrhardt	Mainz	1 Jahr	1927	24 Jahre	Ledig	-
Fuhrmann	Kiel/Gießen	1 Jahr	1927/1928	39/40 Jahre	Ledig	-
Löb	Mainz	1,5 Jahre	1937	23 Jahre	Verh.	1
Brettschneider	Sudetenland	?	?	?	Ledig	-
Hamel	Mainz	1,5 Jahre	1940	26 Jahre	Verh.	2
Lißberger	Marburg	1,5 Jahre	1957	22 Jahre	Ledig	-
Hauffe	Wuppertal	1,5 Jahre	1957	21 Jahre	Ledig	-

Das Gros der Frauen war in den Zwanzigern, die jüngste war Gertrud Hauffe mit 21 Jahren, die älteste Gudrun Fuhrmann mit 39 bzw. 40 Jahren.

Auch wenn die Angaben lückenhaft sind, wird deutlich, dass sich durch die immer länger werdende Ausbildungszeit der Hebammen die Ansprüche an die Qualität des Berufes änderten, was mit Sicherheit auch auf die großen Fortschritte in der Medizin in diesen 150 Jahren zurückzuführen ist. Auch die oft

---

[137] 1909 wurde der Führerschein in Deutschland eingeführt.

geäußerte Annahme, es seien überwiegend junge ledige Frauen für eine Ausbildung zur Hebamme bevorzugt worden, kann nicht bestätigt werden.

Diese zehn ausführlicher beschriebenen Hebammen lebten im Großherzogtum Hessen-Darmstadt, in der Kaiserzeit, der Weimarer Republik, dem „Dritten Reich" und dem Bundesland Hessen in der BRD. Sie überlebten im 20. Jahrhundert, auf dem der Schwerpunkt dieses Buches liegt, zwei verheerende Weltkriege. Andere Hebammen, die nur kurz erwähnt worden sind, erlebten im 19. Jahrhundert die 1848er-Revolution, den Deutsch-Französischen Krieg und die Gründung des Kaiserreichs.

Die hier beschriebenen Landhebammen waren – und sind es immer noch – ständig in Bereitschaft. Bei Wind und Wetter, jeder Jahres-, Tages- und Nachtzeit standen und stehen sie Schwangeren, Gebärenden und Wöchnerinnen sowie den Neugeborenen zur Seite. Ihr Beruf hatte nicht nur schöne Momente, sondern auch bedrückende und traurige, die sie psychisch verarbeiten mussten, vor allem, wenn sie selbst Mütter waren.
Mit Fahrrad, Mofa, Moped, Motorrad und Auto waren sie unterwegs, im 19. Jahrhundert und Anfang des 20. Jahrhunderts auch noch zu Fuß. Daher konnten sie auch nur ein Dorf betreuen und keinen großen Bezirk. Man fragt sich unwillkürlich, wie Hebammen bis ins 19. Jahrhundert hinein, als der Gebärstuhl noch zur Grundausstattung gehörte, diesen zu den Gebärenden gebracht hatten. Halfen da die Männer und holten ihn kurz vor der Entbindung bei der Hebamme ab? In Zeiten, als es noch kein Telefon, keine E-Mails oder Whatsapp gab, keine Motorfahrzeuge, mussten Familienangehörige die Hebamme informieren und holen, wie in einigen Beispielen berichtet wird. Wie viele Unwägbarkeiten und Schwierigkeiten es noch vor 100 Jahren gab!

Umso erstaunlicher ist es, dass Hebammen in der lokalgeschichtlichen Forschung so wenig Platz eingeräumt wird, sie in vielen heimatgeschichtlichen Publikationen nicht einmal erwähnt werden! Vielleicht trägt diese Publikation dazu bei, dieses Forschungsdesiderat ein wenig zu füllen und andere anzuregen, sich mit diesen bemerkenswerten Frauen zu beschäftigen. Dieses Buch kann nur ein Anfang sein.

Heute gibt es nur noch wenige freiberufliche Hebammen, was nicht etwa am Beruf oder dem stetigen Geburtenrückgang in Deutschland liegt, sondern an den horrenden Versicherungsprämien: Zum 1. Juli 2010 stieg der Beitrag zur Berufshaftpflicht für Hebammen, die Hausgeburten betreuen oder als Belegkraft mit der werdenden Mutter in ein Krankenhaus gehen, auf rund 3.800 Euro pro Jahr an[138], seit Juli 2016 sogar auf 6843 Euro.[139] Zum Vergleich: Irma Lißberger bezahlte zu ihrer aktiven Zeit ca. 120 DM.
Jede dritte Geburt heute ist ein Kaiserschnitt: Der ist für Ärzte besser planbar und für eine Klinik kostendeckender und für Gebärende mit weniger Geburtsschmerzen verbunden ist als eine natürliche Geburt, obwohl es mittlerweile Untersuchungen gibt, die belegen sollen, dass es für Kinder, die durch einen Kaiserschnitt zur Welt kommen, ein höheres Risiko bedeutet, an Allergien oder Asthma zu erkranken. Auch viele Mütter leiden anschließend unter psychischen Problemen.[140] Das Kreiskrankenhaus Alsfeld war bis zur Schließung der geburtshilflichen Abteilung Ende 2016[141], nachdem die geburtshilfliche Abteilung des Eichhof Krankenhauses bereits Ende 2008 geschlossen hatte, das einzige Krankenhaus mit einer Geburtsabteilung im Vogelsberg, und hier waren die meisten Hebammen mittlerweile angestellt. „Echte Vogelsberger" wird es wohl nun nur noch selten geben – es sei denn, eine Schwangere findet eine freiberufliche Hebamme für eine Hausgeburt. Seit 2016 können in Hessen angehende Hebammen neben

---

[138] s. Artikel von S. Galle-Schäfer in der Oberhessischen Zeitung vom 05.05. und 10.08.2010
[139] Frankfurter Rundschau 11.07.2016
[140] Sendung: Gott und die Welt. Kaiserschnitt oder natürliche Geburt; ARD 28.08.2016, 17:30 Uhr
[141] OZ 15.09.2016

ihrem staatlichen Examen sogar einen Bachelor an einer Hochschule ablegen[142], doch auch dies wird den Freiberuflerinnen nicht viel nützen.

Der 5. Mai ist der Internationale Hebammentag. Vielleicht ein Anlass, über die Bedeutung und Wertigkeit dieser Frauen nachzudenken und das, was sie in der Vergangenheit geleistet haben und auch heute noch leisten, zu würdigen.

Zum Abschluss dieser kleinen Geschichte der Hebammen in Alsfeld und dem nordwestlichen Vogelsberg soll ein Loblied des Frauenkreises Romrod stehen, das die Frauen „ihrer" Hebamme Berta Hamel anlässlich ihres 75. Geburtstages am 10. November 1989 widmeten und das zeigt, wie dankbar Frauen den Hebammen für die geleistete Geburtshilfe sowie die Vor- und Nachsorge waren. Verfasserin war Mathilde Hasenpflug[143]:

Liebe Berta!

Zu deinem 75. Wiegenfeste
wünschen wir von Herzen Dir das Beste.
Gott sei gedankt für seine Gnad',
die Dich bis hier getragen hat.
Auf Deinen künftigen Erdenwegen
mög' Dich begleiten sein reicher Segen.
Du hast in Deinem langen Leben
manch Lieben schon her müssen geben.
Doch Trost fandest Du nur bei Gott
bei unserem Helfer in der Not.
Nun sind wir alle heute hier
und möchten herzlich danken dir
für unsre Kinder, die Du gebracht.
Oft warst Du bei uns Tag und Nacht.
Wenn auch der Herr sie uns gegeben,
Du warst die erste in ihrem Erdenleben.
Wenn Du kamst in unsre Häuser rein
ging bei uns auf der Sonnenschein.
Du scheutest weder Weg noch Müh'
ob's abends war, ob morgens früh.
Uns allen hier, auch die nicht da
stehst, liebe Berta, Du sehr nah.
Wir haben lange nachgedacht
und Dir was Schönes mitgebracht.
Wir hoffen, daß es Dich erfreut,
denn ein Ständchen bringen wir Dir heut'.
Zum Schluß an Gott noch eine große Bitte:
daß er Dich läßt noch lang in Deiner Lieben Mitte,
denn Du hast in Deinem langen Leben
viel Freude und Gutes weitergegeben.

---

[142] OZ-Extra 17.08.2016
[143] Dank an Horst Blaschko für die Genehmigung zur Veröffentlichung.

Register

Ortsregister

Sachregister

Abbildungsnachweis

Abb. 1: Foto M. Hölscher, 1984

Abb. 2: aus: Alan Gardener, Egyptian Grammar; Oxford, 3rd Edition, 1982

Abb. 3: Museo Ostiense, Ostia/Italien

Abb. 4: www.britishmuseum.org, Burney-Relief

Abb. 5: Internet

Abb. 6: Internet

Abb. 7: Internet

Abb. 8: Internet

Abb. 9: Internet

Abb. 10: Privatbesitz Ernst Walper (Ausschnitt)

Abb. 11: Foto M. Hölscher, Museum „Alter Forsthof" Oberrosphe

Abb. 12: Foto M. Hölscher, Museum „Alter Forsthof" Oberrosphe

Abb. 13: Foto M. Hölscher, 1982

Abb. 14-20: Privatbesitz Irma Lißberger

Abb. 21: Privatarchiv Andreas Lenth

Abb. 22: Privatbesitz Irma Lißberger

Abb. 23: Privatarchiv Richard Kehm

Abb. 24: Hessisches Staatsarchiv Darmstadt

Abb. 25: Privatbesitz Dr. Ingrid Schill

Abb. 26: Foto M. Hölscher, Dokumentationszentrum NS-Zwangsarbeit Berlin-Schöneweide

Abb. 27: aus: Alsfeld und seine Stadtteile: Berfa, Hg. Magistrat der Stadt Alsfeld, Alsfeld 2007;
mit freundlicher Genehmigung von Konrad Kaufmann

Abb. 28-29: Privatbesitz Marianne Berlau

Abb. 30: mit freundlicher Genehmigung von Gisela Zeidler

Abb. 31-34: Privatbesitz Elke Lämmer

Abb. 35: Foto M. Hölscher, Museum „Alter Forsthof" Oberrosphe

Abb. 36-37: Foto M. Hölscher; Koffer Privatbesitz Ulrich und Bettina Hauffe

Abb. 38: aus: Heimatbuch Feldatal, Hg. Gemeinde Feldatal; Feldatal 2011², S. 908;
mit freundlicher Genehmigung von Ernst-Uwe Offhaus

Abb. 39-41: Privatbesitz Margit und Annemarie Ochs

Abb. 42: Privatbesitz M. Hölscher (Ausschnitt; von Marina Döring und Frau Urstadt)

Abb. 43-49: Privatbesitz Ulrich und Bettina Hauffe

Abb. 50-53: Archiv Museum Kirtorf/Helmut Meß „Bürger prägen das Gesicht einer Stadt"

Abb. 54: Privatbesitz Ernst Walper

Abb. 55: Foto M. Hölscher, Museum „Alter Forsthof" Oberrosphe

Abb. 56: Privatbesitz Ernst Walper

Abb. 57-62: Privatbesitz Irma Klose

Abb. 63-64: Musterseiten aus „Tagebuch der Hebamme", Elwin Staude Verlag GmbH, Hannover

Abb. 65: aus: Amtsverkündigungsblatt für den Kreis Alsfeld, Nr. 39, 15. April 1932